TRAVEL COUNSELOR

여행상품 상담사

자격증 예상문제집

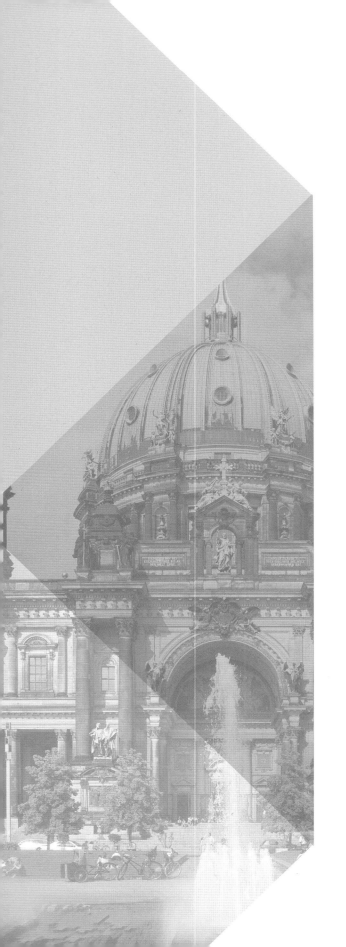

최근 기업에서는 신입사원 채용 시 실무형 인재를 선호하는 경향이 있다. 국가에서도 산업분야의 직무를 분석한 국가직무능력표준(NCS)을 개발하고 대학교육의 체계와 내용을 실무적으로 변화시키려는 혁신을 진행 중에 있다. 그 결과 여행업 분야의 직무는 여행상품개발, 여행상품상담, 국내여행안내, 해외여행안내, 항공객실서비스 등 5개 분야에서 능력단위와 학습모듈이 개발되었다. 이러한 환경에서 관광전공자들의 전공지식과 업무수행 능력을 평가하고 이들의 여행업 입사에 필요한 실무능력 배양을 위한 전문 자격증 제도의 도입이 요구되고 있다.

(사)한국여행서비스교육협회에서는 5개 여행분야 NCS 중에서 여행업 입사 시 신입사원에게 필수적인 여행상품상담

PREFACE

분야의 10개 능력단위(고객응대, 상품추천, 상담교육, 상담자료 작성, 상품설명, 상담고객 관리, 여행요금 상담, 예약수배 업무, 여행상품 계약, 여행고객 관리)를 중심으로 여행상품 상담에 필요한 현장실무 지식을 체계적으로 정리하여 여행상품 상담 실무 교재를 발간한 바 있다.

그에 따른 후속 작업으로 이번에 본 협회에서는 여행상품상담 업무와 관련한 직무를 중심으로 여행상품상담사 자격증 제도의 도입과 더불어 자격증을 위한 자격시험 대비 실전 문제집을 발간하게 되었다. (사)한국여행서비스교육협회에서 주관하는 여행상품상담사 자격증 제도는 관광학도들의 여행업 취업 준비와 여행업 종사원의 업무능력 향상에 큰 기여를 할 수 있을 것으로 사료된다.

2020년 2월
공동 저자

CONTENTS

Chapter **01**

고객응대

여행상품상담사 자격증 예상문제집

Chapter 01

고객응대

1. 전화응대

1) 고객응대의 중요성 및 기본자세

(1) 고객응대의 중요성

고객이란 한자어로 顧(돌아볼 고) 客(손 객)으로 이루어져 있으며, 기업의 입장에서 볼 때 다시 와 주었으면 하는 사람들을 의미한다. 고객응대란 모든 직원이 업무 수행 상 고객을 대함에 있어 고객으로 하여금 회사에 대하여 신뢰와 호감을 가지도록 하는 일체의 행동을 의미한다.

(2) 고객응대의 기본자세: 고객을 맞이하는 마음가짐

① 고객응대 대화법

대화의 3요소는 언어적 요소, 시각적 요소, 청각적 요소로 구성되어 있다.

- 시각적 요소: 55%
- 청각적 요소: 38%
- 언어적 요소: 7%

② 고객응대 시 기본 화법

- 직접부정법(정면격퇴법)
- 간접부정법(Yes, But화법)
- 자료전환 제시법

- 보상법(상쇄법)
- 맞장구법

2) 고객 전화응대

(1) 전화응대의 구성

① 전화의 3원칙

- 신속의 원칙
- 정확의 원칙
- 정중의 원칙

② 전화응대 시

- 3:3:3 기법

(2) 고객유형

- 우유부단한 고객
- 저돌적인 고객
- 전문가형 고객
- 빈정거리는 고객
- 호의적인 고객
- 같은 말을 되풀이하는 고객
- 과장하거나 가정하여 말하는 고객
- 불평을 늘어놓는 고객

2. 방문응대

1) 방문응대 시 기본 매너

　단정한 용모와 복장관리, 친절하고 신뢰감을 심어줄 수 있는 서비스 매너를 갖추도록
하여야 한다.

　(1) 기본 비즈니스 및 서비스 매너

　① 좋은 인사의 5가지 포인트

- 내가 먼저 → 대화의 주도권을 잡은 것은 당신
- 상대방의 눈을 바라보며 → 상대에게 인사를 한다는 메시지 전달
- 표정은 밝게 → 좋은 느낌으로
- 인사말은 명랑하고 분명하게 → 자신감을 가지고
- T.P.O.에 맞춰서 → 여러 상황에 맞춰

　② 인사의 종류

- 목례(15도)
- 보통례(30도)
- 정중례(45도)

　③ 바른 소개 법

경우에 따른 소개	먼저 부를 이름
젊은이를 연장자에게 소개할 때	연장자의 이름
회사 동료를 외부인에게 소개 할 때	외부인의 이름
일반인을 관료에게 소개 할 때	관료의 이름
하위직 사원을 상위직원에게 소개 할 때	상위 직원의 이름
회사임원을 고객에게 소개 할 때	고객의 이름

(2) 그 외 매너와 에티켓

① 명함을 교환할 때

- 명함을 준비한다.
- 명함을 내밀면서 이름을 말한다.
- 테이블 위에 놓지 말고 반드시 손으로 건네준다.
- 상대방의 명함은 양손으로 정중하게 받는다.
- 방문객이 먼저 명함을 드린다.
- 상대가 두 사람일 경우 연장자에게 먼저 드린다.

② 악수(Shaking Hand)

- 여성이 남성에게
- 손윗사람이 손아랫사람에게
- 선배가 후배에게
- 기혼자가 미혼자에게
- 상급자가 하급자에게

2) 고객 방문응대 절차

① 접객 준비
② 고객 맞이와 고객의 요구 사항 파악
③ 상담 및 업무 처리
④ 결과 보고
⑤ 배웅

3. 온라인 응대

◉ 이메일 3대 기본원칙

① 수신인 우선의 원칙
② 간결의 원칙
③ 친절의 원칙

Chapter 01 고객응대 기출문제

01 다음은 고객의 정의에 관한 설명이다. ( ) 안에 적절한 한자는?

> 고객이란 한자어 (　　　), (　　　)으로 이루어져 있으며, 기업 입장에서 볼 때
> 다시 와 주었으면 하는 사람들을 의미한다.

① 高(높을 고), 客(손 객)　　　　　　　② 雇(품팔 고), 客(손 객)

③ 叩(두드릴 고), 客(손 객)　　　　　　④ 顧(돌아볼 고), 客(손 객)

02 고객의 기대심리가 <u>아닌</u> 것은 무엇인가?

① 관심을 끌고 싶어 하며 중요한 사람으로 인식되고 싶어 한다.

② 손해 보기 싫어한다.

③ 여행에 대한 기대와 욕구 수용을 원치 않는다.

④ 자신이 기억되기를 바라며 환영받고 싶어 한다.

03 MOT의 결정요소가 <u>아닌</u> 것은 무엇인가?

① 접근의 용이성　　　　　　　　　　② 물리적 시설

③ 종사원의 태도　　　　　　　　　　④ 고객의 분위기

★TIP　고객 접점이란 고객과의 모든 순간순간을 뜻하는 말로 영어로는 MOT(moment of truth)라고 표현하며 제일선
　　　　종업원이 고객과 접하는 최초의 15초를 말한다.

 **Answer**　1. ④　2. ③　3. ④

04 고객응대의 기본자세에서 고객을 맞이하는 마음가짐으로 바르지 <u>않은</u> 것은?

① 주인의식을 가지고 일에 임해야 한다.

② 고객과 의사소통을 통해서 신뢰감을 형성할 수 없다.

③ 고객의 입장에서 생각하고 감사하는 마음가짐으로 행동한다.

④ 모든 일에 조심하고 삼가는 마음을 가지도록 한다.

TIP ② 경청을 통해 고객과 의사소통이 되는 것이며, 경청을 통해 고객과 신뢰감을 형성할 수 있다.

05 다음은 메라비언의 면대면 대화 3요소이다. 연결이 <u>바른</u> 것은?

> 메라비언의 면대면 대화의 3요소는 (가)적 요소 55%, (나)적 요소 38%, (다)적 요소 7%로 구성된다.

① 가 – 언어적 요소 나 – 청각적 요소 다 – 시각적 요소

② 가 – 청각적 요소 나 – 언어적 요소 다 – 시각적 요소

③ 가 – 시각적 요소 나 – 청각적 요소 다 – 언어적 요소

④ 가 – 언어적 요소 나 – 시각적 요소 다 – 청각적 요소

TIP 대화의 3요소: ① 시각적 요소(55%), ② 청각적 요소(38%), ③ 언어적 요소(7%)

06 대화의 3요소가 <u>아닌</u> 것은?

① 감각적 요소 – 감성

② 시각적 요소 – 표정

③ 청각적 요소 – 발음

④ 언어적 요소 – 어휘선택

TIP ① 시각적 요소: 표정, 시선, 제스처, 옷차림
② 청각적 요소: 음성의 톤, 크기, 발음, 속도
③ 언어적 요소: 어휘 선택

 Answer 4. ② 5. ③ 6. ①

07 고객응대 시 기본 화법의 설명으로 **틀린** 것은 ?

① 직접부정법 – 갑자기 부정을 하면 논쟁이 되기 쉬우므로 주의해야 한다.

② 자료전환 제시법 – 주저하거나 거절의 경우 빨리 자료를 보이는 화법이다.

③ 맞장구법 – 상대방이 하는 이야기를 관심 있게 경청하고 그 말에 맞장구를 쳐준다.

④ 간접부정법 – 일단 본론의 메시지를 전달 한 후 상대방의 이야기에 동의한다.

★**TIP** ④ 간접부정법은 상대방 이야기에 일단 동의한 후 본론의 메시지를 전달한다.

08 고객응대 시 질문에 관한 설명 중 **틀린** 것은?

① 질문법에는 개방형 질문법과 폐쇄형 질문법이 있다.

② 고객의 욕구 파악에 개방형 질문보다 폐쇄형 질문이 효과적이다.

③ 고객의 정보 수집에 폐쇄형 질문보다 개방형 질문이 효과적이다.

④ 5W 1H의 형식으로 질문하면 더욱 효과적이다.

★**TIP** ② 폐쇄형 질문보다 개방형 질문이 고객의 욕구 파악 및 정보 수집에 효과적이다.

09 다음 〈보기〉의 내용은 무엇에 관한 설명인가?

〈보기〉
- 전화벨이 3번 울리기 전에 받는다.
- 용무는 3분 안에 마친다.
- 고객이 전화를 끊고 3초 후에 수화기를 내려놓는다.

① 전화응대의 3:3:3 기법

② 전화응대의 구성 요소

③ 전화응대의 특성

④ 전화응대의 중요성

★**TIP** 〈보기〉는 전화응대 3:3:3 기법에 대한 설명이다.

 **An**swer 7. ④ 8. ② 9. ①

10 전화응대의 3원칙이 <u>다른</u> 하나는?

① 정확의 원칙   ② 정중의 원칙

③ 신속의 원칙   ④ 신중의 원칙

★TIP   전화의 3원칙: ① 신속의 원칙 ② 정확의 원칙 ③ 정중의 원칙

11 전화응대의 3원칙 중 정확의 원칙이 <u>아닌</u> 것은?

① 통화 대기시간 최소화

② 정확한 어조와 음성

③ 정확한 전달 및 수신 메모

④ 통화자의 신원을 밝힘

★TIP   ① 통화대기시간 최소화는 신속의 원칙이다.

12 여행사의 근본적인 역할에 속하지 <u>않는</u> 것은?

① 정보   ② 서비스

③ 보상   ④ 예약

★TIP   여행사의 역할: ① 정보 ② 유통 ③ 예약 ④ 서비스

13 다음 중 전화응대의 구성요소에 맞지 <u>않는</u> 것은?

① 속도   ② 명확한 발음

③ 효과적인 의사소통의 음향 선택   ④ 억양

★TIP   전화응대의 구성요소
      ① 속도 ② 명확한 발음 ③ 억양 ④ 고객감동 및 효과적인 의사소통의 단어 선택

 Answer   10. ④   11. ①   12. ③   13. ③

14 전화응대의 특성에 관한 설명 중 <u>틀린</u> 것은?

① 일정시간 내에서 응대한다.

② 거리가 떨어져 있는 곳에서 1대 1 대면 응대이다.

③ 예고 없이 걸려온다.

④ 음성만으로 하는 방문이다.

★TIP ② 거리가 떨어져 있는 곳에서 1대 1비대면 응대이다.

15 전화응대의 중요성에 관한 설명으로 알맞지 <u>않은</u> 것은?

① 전화를 활용하여 시간과 노력의 효율을 증가시킨다.

② 전화응대를 통한 고객서비스의 폭이 확대된다.

③ 업무처리에 중요한 위치를 차지하고 그 능력의 향상은 업무능력 향상과 반비례한다.

④ 전화는 서비스의 중요한 수단이 된다.

★TIP ③ 업무처리에 중요한 위치를 차지하고 그 사용능력을 향상시키는 것은 업무능력 향상과 직결된다.

16 여행정보의 속성 중 <u>다른</u> 하나는?

① 편리성   ② 접근성   ③ 신속성   ④ 탄력성

★TIP 여행 정보의 속성
① 신뢰성 ② 접근성 ③ 편리성 ④ 유용성 ⑤ 신속성 ⑥ 정확성 ⑦ 전문성

17 다음은 고객 유형별 특성에 관한 내용이다. 바르게 연결되지 <u>않은</u> 것은?

① 저돌적인 고객 – 남으로 부터의 피드백을 잘 받아들인다.

② 빈정거리는 고객 – 무엇이든 반대하는 열등감 또는 허영심과 자부심이 강하다.

③ 전문가형 고객 – 자신이 모든 것을 다 알고 있는 것처럼 행동한다.

④ 우유부단한 고객 – 다른 사람이 자신을 위해 의사결정을 내려주기를 기다리는 경향이 있다.

★TIP ① 저돌적인 고객은 남으로부터 피드백을 잘 받아들이지 않는다.

 **An**swer   14. ②   15. ③   16. ④   17. ①

18 다음 중 고객 유형별 응대 기술로 가장 적절하지 <u>않은</u> 것은?

① 전문가형 고객 – 고객 자신이 주장하는 문제점을 스스로 느끼도록 대안 및 개선방안을 제시한다.

② 저돌적인 고객 – 저돌적으로 대하는 것이 효과적일 수 있다.

③ 빈정거리는 고개 – 가벼운 농담형식으로 응답하는 노련함이 효과적 일 수 있다.

④ 불평을 늘어놓는 고객 – 고객의 입장을 인정해 준 후 차근차근 설명하여 이해시킨다.

TIP ② 침착성을 유지하고 고객의 친밀감을 이끌어 낸다.

19 여행정보의 형태가 바르지 <u>않은</u> 것은?

① 인적 정보 – 관광 여행 경험

② 물적 정보 – 관광 홍보물

③ 공적 정보 – 구전, 친지, 고객

④ 멀티미디어 – TV, 라디오

20 여행객의 구매 결정 단계의 순서가 알맞은 것은?

① 문제의 인식 – 정보탐색 – 대안의 평가 – 선택 – 선택 후 행동

② 문제의 인식 – 선택 후 행동 – 정보탐색 – 대안의 평가 – 선택

③ 정보탐색 – 문제의 인식 – 선택 후 행동 – 대안의 평가 – 선택

④ 정보탐색 – 문제의 인식 – 대안의 평가 – 선택 – 선택 후 행동

TIP 구매 결정 단계
문제의 인식-정보탐색-대안의 평가-선태-선택 후 행동

 **Answer** 18. ② 19. ③ 20. ①

21 여행 정보의 제공 형태 중 오프라인(off-line) 정보에 속하지 <u>않는</u> 것은?

① 구전 정보

② 여행사의 상품 안내 브로슈어

③ 인쇄 관광 정보

④ TV, 라디오 정보

★TIP　오프라인 정보
　　① 구전 정보　② 인쇄 관광 정보　③ 여행사의 상품 안내 브로슈어

22 관광객 측면에서 여행정보의 직접적 수집방법에 속하지 <u>않는</u> 것은?

① 본인의 경험

② 수필, 소설, 공연 등

③ 인터넷

④ 여행전문서적

★TIP　여행정보의 수집
　　① 본인의 경험　② 인적요소(구전정보)　③ 신문·방송·잡지　④ 호텔·여행사홍보물
　　⑤ 인터넷　⑥ 여행전문서적

23 고객응대 시 기본자세에 속하지 <u>않는</u> 것은?

① 고객이나 거래선에 대한 말씨는 높임 말씨로 하고 존대 어휘를 선택해서 쓴다.

② 고객이나 거래선의 직함을 알면 그 직함을 쓰되 자기보다 상위직이면 그에 상응한 대우를 한다.

③ 직장이나 사무실에 찾아온 손님은 불편이나 주저함이 없도록 인도 · 응대하고 최대의 편의를 제공한다.

④ 고객의 얼굴과 성명 등 기본적인 사항을 습득해 두는 것은 실례이므로 주의하도록 한다.

★TIP　④ 고객에 대한 만족할 만한 응대를 위해 고객의 얼굴과 성명 등 기본적인 사항을 항상 습득해 둔다.

 Answer　21. ④　22. ②　23. ④

24 고객응대 시 유의사항이 <u>아닌</u> 것은?

① 주인 의식을 가지고 가정에서 손님을 맞이하는 것처럼 주인으로서의 예의를 다한다.

② 고객과 응대자의 마찰이 있을 때에는 즉시 상급자가 개입하여 조용한 자리로 안내한 후 시비를 해결하도록 한다.

③ 고객이 무례한 요구를 할 경우에는 무조건 거절 한다.

④ 의심 많은 고객에게는 될 수 있는 대로 증거나 근거를 제시하도록 한다.

⭐TIP ③ 고객이 무례한 요구를 할 경우에는 부드럽게 납득시키도록 한다.

25 방문응대 시 남성의 용모와 복장으로 맞지 <u>않는</u> 것은?

① 머리카락이 이마나 귀를 덮지 않고 뒷머리는 셔츠 깃에 닿지 않아야 한다.

② 가까운 곳에 간이 면도기를 비치하여 자주 깨끗이 면도를 한다.

③ 진한 향수 냄새는 오히려 상대방에게 역한 거부감을 불러일으킨다.

④ 항상 정장차림으로 하며 엄숙한 자리에서는 콤비 차림으로 한다.

⭐TIP ④ 복장은 정장차림으로 하며 엄숙한 자리에서는 콤비 차림이 맞지 않는다.

26 다음은 인사에 대한 설명으로 맞지 <u>않는</u> 것은?

① 마음과 마음의 첫 만남, 그 표현 방법이다.

② 상대방이 느낄 수 있는 첫 번째 감동이다.

③ 인사는 그날의 기분에 따라 한다.

④ 상대방에 대한 존경심과 친절을 나타낸다.

Answer   24. ③   25. ④   26. ③

27 좋은 인사의 5가지 포인트 중 다른 하나는?

　① 인사에서 시선은 중요하지 않다.

　② 표정은 밝게 한다.

　③ 인사말은 명랑하고 분명하게 한다.

　④ T.P.O.에 맞춰서 한다.

★TIP　① 상대방의 눈을 바라보며 인사를 한다는 메시지를 전달한다.

28 인사의 종류와 방법이 다르게 연결된 것은?

　① 목례(15도) – 좁은 장소, 화장실, 식당

　② 정중례(30도) – 손님을 배웅할 때

　③ 보통례(60도) – 기본적인 일반적 상황

　④ 정중례(90도) – 엘리베이터 안에서

★TIP　인사의 종류와 요령
　　① 목례(15도): 좁은 장소, 화장실, 식당, 양해의 말
　　② 정중례(45도): 정중히 사과할 때, 배웅 시, 깊은 감사
　　③ 보통례(30도): 기본적인 일반적 상황

29 목례를 해야 하는 상황으로 옳지 않은 것은?

　① 일상생활에서 상사를 만났을 때

　② 같은 사람을 다시 만났을 때

　③ 계단에서 마주쳤을 때

　④ 엘리베이터에서 마주쳤을 때

★TIP　① 일상생활에서 상사를 만났을 때는 보통례(30도)를 한다.

 27. ① 28. ④ 29. ①

30 인사의 시기에 관한 설명으로 올바른 것은?

① 인사 대상과 방향이 다를 때는 일반적으로 40보 이내에서 한다.

② 인사 대상과 방향이 마주칠 때의 가장 적절한 시기는 8보 이내이다.

③ 걸을 때는 천천히 상대 앞으로 가서 기본자세를 취하고 인사를 한다.

④ 계단 아래에 윗사람이 있을 때는 빨리 아래로 내려가 상대 앞에서 정중하게 인사를 한다.

TIP ③ 걸을 때는 천천히 상대 앞으로 가서 기본자세를 취하고 인사를 한다.

31 방문응대 시 소개하는 방법으로 옳지 <u>않은</u> 것은?

① 자기회사 사람을 먼저 소개한다.

② 지위가 높은 사람을 낮은 사람에게 소개한다.

③ 소개자의 성명, 소속, 직책명 등을 간단명료하게 말한다.

④ 여성과 남성의 경우, 남성부터 소개한다.

TIP ② 지위가 낮은 사람을 먼저 소개한다.

32 명함 수수법으로 알맞지 <u>않은</u> 것은?

① 테이블 위에 놓지 말고 반드시 손으로 건네준다.

② 상대방의 명함은 양손으로 정중하게 받는다.

③ 명함을 받는 즉시 명함집에 잘 보관한다.

④ 상대가 두 사람일 경우 연장자에게 먼저 드린다.

33 악수의 요령으로 옳지 <u>않은</u> 것은?

① 남성이 여성에게 ② 손윗사람이 손아랫사람에게

③ 선배가 후배에게 ④ 상급자가 하급자에게

★TIP ① 여성이 남성에게 먼저 악수를 청한다.

34 고객응대 중 이동 시 요령에 대한 설명으로 <u>옳은</u> 것은?

① 안내자가 상급자보다 두세 걸음 앞에서 수시로 돌아보며 안내한다.

② 에스컬레이터로 올라갈 때는 하급자가 먼저, 내려갈 때는 상급자가 먼저 탄다.

③ 엘리베이터에 상급자가 먼저 타고 하급자는 뒤에 타며 먼저 내린다.

④ 엘리베이터를 탈 때는 손님보다 먼저 타고 먼저 내린다.

★TIP ① 에스컬레이터 올라갈 때는 상급자가 먼저, 내려갈 때는 하급자가 먼저 탄다.
② 하급자가 먼저 타서 엘리베이터를 조작하고 상급자는 뒤에 타고 먼저 내린다.
③ 엘리베이터를 탈 때는 손님보다 먼저 타고 나중에 내린다.

35 다음은 방문 고객의 응대 절차에 관한 설명이다. 옳지 <u>않은</u> 것은?

① 사무실 및 상담 카운터의 내부를 깨끗하게 정리 정돈하여 고객에게 편안하고 편리한 서비스를 제공할 수 있도록 준비한다.

② 다른 사무를 보고 있는 중이라면 하던 일을 모두 처리한 후에 고객을 맞이한다.

③ 고객의 요구 사항에 대한 업무 처리에 있어 예상 소요시간을 예고하고, 만일 시간이 많이 걸려 손님이 오래 기다려야 할 경우에는 먼저 양해를 구한다.

④ 고객이 궁금해 하는 사항에 대해 신속, 정확하게 답변을 하고 고객의 요구 사항에 최선을 다하여 업무 처리를 한다.

★TIP ② 다른 사무를 보고 있는 중이라도 고객을 맞이하는 일을 우선한다.

Answer 33. ① 34. ① 35. ②

36 방문고객의 응대 매너로 맞지 <u>않는</u> 것은?

① 담당자를 찾는 고객에게는 양해를 구한 후 담당자를 호출 또는 안내한다.

② 고객과 상담을 할 때는 자리를 권한 후 상담을 시작한다.

③ 고객이 기다려야 하는 경우, 지루하지 않도록 읽을거리(회사의 상품 브로슈어 또는 여행 잡지 등)나 음료를 준비한다.

④ 고객의 요청업무를 모두 마쳤을 때에는 배웅 없이 돌려보낸다.

> **TIP** ④ 고객의 요청사항을 마쳤을 때에는 고객을 맞이할 때보다 더욱 정중하게 배웅하며 끝까지 밝은 표정을 유지한다.

37 방문고객의 응대 매너 중, 차 접대 방법으로 옳지 <u>않은</u> 것은?

① 일방적으로 차 종류를 결정하지 않는다.

② 내용물은 잔의 90%까지 채운다.

③ 찻잔은 고객이 돌아간 다음 즉시 치운다.

④ 차는 상석, 즉 고객부터 먼저 내며 그 다음 사내 사람에게 낸다.

> **TIP** ② 내용물은 잔의 70%만 채운다.

38 이메일의 3대 기본 원칙에 속하지 <u>않는</u> 것은?

① 친절의 원칙

② 간결의 원칙

③ 신속의 원칙

④ 수신인 우선의 원칙

> **TIP** 이메일 3대 기본원칙: ① 수신인 우선의 원칙 ② 간결의 원칙 ③ 친절의 원칙

 **Answer** 36. ④ 37. ② 38. ③

39 다음은 손님의 좌석 배치에 관한 그림이다. 앉을 때 상석의 위치순서로 올바른 것은?

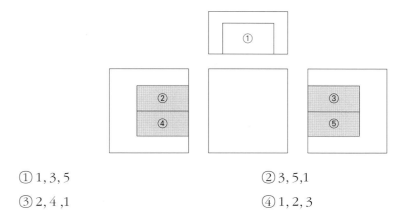

① 1, 3, 5   ② 3, 5,1

③ 2, 4 ,1   ④ 1, 2, 3

★TIP   좌석에 앉을 때는 가운데가 상석이며 상석으로부터 오른쪽이 왼쪽보다 상대적인 상석이 된다.

40 훌륭한 고객 서비스 습관으로 바르지 <u>않은</u> 것은?

① 약속 시간을 잘 지키는 것은 상대에 대한 존경심의 표현이다.

② 고객은 담당자의 약속 불이행을 가장 불쾌하게 생각한다.

③ 약속은 최우선으로 하고, 제공하는 것은 최대한 느리게 한다.

④ 고객이 원하는 것을 제공할 수 없으면 다른 대안을 제시한다.

41 이메일 작성의 기본골격에 반드시 들어가야 하는 것이 <u>아닌</u> 것은?

① 이모티콘   ② 참조

③ 제목   ④ 본문

★TIP   이메일의 기본 골격: ① 수신인 ② 참조 ③ 숨은 참조 ④ 제목 ⑤ 본문 ⑥ 서명

 Answer   39. ④   40. ③   41. ①

42 이메일을 통한 고객응대로 옳지 <u>않은</u> 것은?

① 짧은 문장, 논리적 내용, 명확한 표현으로 예의를 지킨다.

② 내용을 짐작할 수 있는 제목을 달아 준다.

③ 본문 서두에 본인의 이름이나 신분을 밝힌다.

④ 이모티콘을 자주 사용한다.

TIP ④ 얼굴이 보이지 않는 수단이므로 감정적 표현과 문구에 세심한 신경을 쓴다.

43 이메일 네티켓으로 옳지 <u>않은</u> 것은?

① 단락별로 간격을 두지 않고 눈이 피로하지 않도록 작성한다.

② 제목은 본문의 내용을 축약하여 한눈에 내용을 파악할 수 있게 하며, 내용은 짧고 간결하게 하고 상세한 파일은 첨부파일을 이용한다.

③ 영어로 이메일을 작성하는 경우는 대문자 사용을 최소화한다.

④ 수신과 참조는 받는 사람의 중요도에 따라 구분하여 발송한다.

TIP ① 단락별로 3~4줄의 간격을 두어 눈이 피로하지 않도록 작성한다.

44 공개 자료실 네티켓으로 옳지 <u>않은</u> 것은?

① 음란물, 불법 소프트웨어를 올리지 않는다.

② 자료를 올리기 전에는 바이러스 감염 여부를 체크한다.

③ 자료실에 등록할 자료는 가급적 압축하지 않는다.

④ 유익한 프로그램이나 자료를 받았을 때는 감사의 메일을 보낸다.

TIP ③ 자료실에 등록할 자료는 가급적 압축한다.

45 게시판 네티켓으로 옳지 <u>않은</u> 것은?

① 게시물의 내용을 잘 설명할 수 있는 알맞은 제목을 사용한다.
② 문법에 맞는 표현과 올바른 맞춤법을 사용한다.
③ 사실과 다른 내용은 올리지 않는다.
④ 필요에 따라 같은 글을 반복하여 여러 번 올린다.

★TIP ④ 같은 글을 반복하여 여러 번 올리지 않는다.

46 고객관리 데이터베이스 마케팅의 개념으로 옳지 <u>않은</u> 것은?

① 고객에 대한 여러 가지 정보를 컴퓨터를 이용하여 데이터베이스화한다.
② 구축된 데이터베이스를 바탕으로 고객 개개인과 장기적인 관계 구축을 위한 마케팅 전략을 수립한다.
③ 구축된 데이터베이스는 모든 사람에게 공개 한다.
④ 데이터베이스 마케팅을 위해서 고객 데이터베이스의 구축이 필수적이다.

47 데이터베이스 구축의 주요 내용으로 옳지 <u>않은</u> 것은?

① 고객에 대한 촉진 활동(메일 발송 등) 기록
② 고객의 성명과 주소, 전화번호, 재산, 형사처벌 유무
③ 상품 구입 수단 및 지불 방법(전화, 인터넷, 직접 방문 등)
④ 거래 활동이나 시장 실사를 통해 기억하고 있는 고객의 상품 사용과 관련된 정보

★TIP ② 고객의 성명과 주소, 전화번호

Answer 45. ④ 46. ③ 47. ②

48 다음 중 고객에 포함되지 <u>않는</u> 사람은?

① 이미 그 상품 서비스를 사용하는 사람
② 그 상품이나 서비스를 필요로 하는 사람
③ 앞으로 상품 및 서비스를 구입, 사용할 가능성이 있는 사람
④ 해당 업체의 종사원

49 진실의 순간(moment of truth)이란 어떤 순간을 의미하는가?

① 종사원이 고객과 접하는 최초의 시간
② 사람들이 상대방 앞에서 진심을 보이는 순간
③ 종교적인 용어로 신 앞에서 진실해 지는 순간
④ 종사원과 종사원 사이에서 발생되는 진실의 순간

50 진실의 순간(moment of truth)은 덧셈의 법칙이 아니라 곱셈의 법칙이라고 하는 이유가 <u>잘못</u> 된 것은?

① 곱셈에서는 앞에 나오는 숫자가 아무리 크더라도 뒤에 오는 숫자가 0이면 그 값은 0 이 되고 만다.
② 고객과의 서비스 접점에서 한 번이라도 0점을 받으면 전체가 0점이 된다.
③ 고객과의 많은 접점 중에서 단 한 가지라도 나쁜 인상을 준다면 그것으로 기업 이미 지가 결정된다.
④ 고객과의 많은 접점 중에서 종사원이 실수를 했더라도 다른 부분에서 높은 점수를 얻으면 고객은 그 기업을 선택하게 된다.

Answer 48. ② 49. ① 50. ④

51 상대방과 대화 시 호감을 주는 시선이 <u>아닌</u> 것은?

① 자연스럽게 부드러운 시선

② 상대방의 눈이나 미간, 콧등 사이를 번갈아 보는 시선

③ 대화의 상황에 따라 눈의 크기를 조절

④ 눈을 자주 깜박거려 상대의 시선을 집중시키는 행동

52 대화를 설명하는 내용 중에서 <u>잘못된</u> 것은?

① 듣는 것보다 나의 생각을 적극적으로 표현하는 것

② 지식, 정보, 감정 등의 메시지의 교환을 통해 상대와 나의 관계를 이어 주는 수단

③ 단순한 메시지의 교류뿐만 아니라 서로의 인격을 교환하는 수단

④ 상대방을 배려하고 수용하는 것

53 좋은 대화법이 <u>아닌</u> 것은?

① 명령형보다는 의뢰형으로 대화한다.

② 부정형보다는 긍정형으로 대화한다.

③ 부정적인 것을 말할 때에는 먼저 말하고 나중에 긍정적인 것을 말한다.

④ 긍정적인 것을 강조하기 위해 부정적인 것 보다 먼저 말한다.

54 고객과의 전화 통화 시 <u>잘못된</u> 것은?

① 고객의 말이 이해가 안 될 때에 자꾸 묻는 것은 실례가 되니 눈치껏 이해한다.

② 항상 메모를 하면서 전화를 받는다.

③ 금액, 일시, 숫자, 고유 명사 등은 잘 듣고 반드시 복창한다.

④ 조사해야 할 내용이 많아서 시간을 필요로 하는 경우에는 양해를 구하여 일단 끊고 다시 걸도록 한다.

 **An**swer   51. ④   52. ①   53. ④   54. ①

55 다음 전화 대화중에서 올바른 것은?

① 누구신데요?

② 잠깐만요?

③ 메모를 남겨 드릴까요?

④ 지금 없습니다.

TIP 누구신데요?-실례합니다만, 누구시라고 전해 드릴까요?

잠깐만요?-잠시만 기다려 주시겠습니까?

지금 없습니다.-잠시 자리를 비우셨습니다.

56 다음 여행정보의 설명 중에서 잘못된 것은?

① 인적 정보-여행경험의 직접방문-구전이나 다양한 정보를 통해 얻게 되는 간접방문

② 물적 정보-신문, 잡지, 브로슈어 등의 인쇄된 관광 홍보물-인터넷, SNS 등의 모바일 정보

③ 여행정보는 인적 정보, 물적 정보, 멀티미디어 정보로 구분할 수 있다.

④ 멀티미디어 정보-TV-라디오

TIP 물적 정보-신문, 잡지, 브로슈어 등의 인쇄된 관광 홍보물-교통기관, 숙박기관, 관광지 등에 대한 홍보 책자의 안내서 간행물 멀티미티어 정보-TV, 라디오-인터넷, SNS 등의 모바일 정보

57 소비자의 의사결정 과정에서 잘못 연결된 것은?

① 고관여: 승용차, 오디오, 컴퓨터

② 저관여: 화장지, 청량음료, 스낵

③ 고관여: 향수, 가구

④ 저관여: 문구류, 여행상품

TIP 여행상품은 고관여 의사결정을 필요로 함

 **Answer** 55. ③ 56. ② 57. ④

58 다음 중 여행상품 의사결정 과정이 <u>맞는</u> 것은?

① 정보탐색-문제의 인식-대안의 평가-선택-선택 후 행동

② 문제의 인식-정보탐색-대안의 평가-선택-선택 후 행동

③ 정보탐색-대안의 평가-문제의 인식-선택-선택 후 행동

④ 문제의 인식-대안의 평가-정보탐색-선택-선택 후 행동

59 다음 국가 중에서 우리나라 여행객들이 비자를 필요로 하지 <u>않는</u> 국가로 묶인 것은?

① 중국, 미얀마

② 인도, 파키스탄

③ 몽골, 우즈베키스탄

④ 네팔, 라오스

60 다음 국가 중에서 우리나라 여행객들이 비자를 필요로 하는 국가는?

① 호주 ② 뉴질랜드 ③ 피지 ④ 괌

61 다음 국가 중에서 우리나라 여행객들이 비자를 필요로 하지는 않지만 전자여행허가를 받아야 되는 국가로 올바르게 묶인 것은?

① 호주, 뉴질랜드

② 미국, 캐나다

③ 인도, 파키스탄

④ 브라질, 아르헨티나

Answer 58. ② 59. ④ 60. ① 61. ②

62 인사의 각도와 사용하는 경우가 <u>맞게</u> 연결된 것은?

① 목례-15도-자주 만나거나 복도나 실내 등 협소한 장소에서 마주칠 때
② 목례-15도-외부 고객을 맞이할 때
③ 목례-30도-영접 및 배웅할 때
④ 목례-30도-명함을 교환할 때

63 인사의 각도와 사용하는 경우가 <u>잘못</u> 연결된 것은?

① 목례-15도-악수를 할 때
② 보통례-30도-영접 및 배웅할 때
③ 목례-15도-내외부 고객과 마주쳤을 때
④ 보통례-30도-사과나 감사를 표현할 때

64 명함을 주고받을 경우의 예의에 <u>어긋나는</u> 행동은?

① 명함은 받을 때에는 일어서서 두 손으로 받는다.
② 명함을 받으면 반드시 자신의 명함을 주어야 한다.
③ 명함이 없는 경우 정중히 사과하고, 상대의 의견을 물어 상대가 원할 경우 종이에 적어 준다.
④ 명함은 받자마자 잘 보관하기 위해 바로 집어넣어야 한다.

65 계단 안내의 방법 중에서 <u>잘못된</u> 것은?

① 계단을 오르거나 내려가기 전에 "○층입니다."라고 안내한다.
② 고객이 계단의 난간(손잡이) 쪽으로 걷도록 한다.
③ 올라갈 때에는 앞에서, 내려갈 때에는 뒤에서 걸으면서 안내한다.
④ 여성(고객·안내자 모두)인 경우에는 내려올 때 여성이 앞선다.

TIP 올라갈 때에는 뒤에서, 내려갈 때에는 앞에서 걸으면서 안내를 하여 고객보다 높은 위치에서 안내하지 않음

 **Answer** 62. ① 63. ④ 64. ④ 65. ③

66 엘리베이터 탑승 예절이 <u>잘못된</u> 것은?

① 안내자가 없을 경우: 탈 때는 고객이 먼저 탄다.

② 안내자가 있을 경우: 탈 때는 고객이 먼저 탄다.

③ 안내자가 없을 경우: 내릴 때는 고객이 먼저 내린다.

④ 안내자가 있을 경우: 내릴 때는 고객이 먼저 내린다.

TIP 안내자가 없을 경우: 탈 때는 종사원이 먼저 타서 엘리베이터를 조작하며, 내릴 때는 고객이 먼저 내릴 수 있도록 배려한다.
안내자가 있을 경우: 탈 때는 고객이 먼저, 내릴 때도 고객이 먼저 내리도록 배려한다.

67 방문고객 응대절차가 <u>맞게</u> 이루어진 것은?

① 고객접객-상담 및 업무처리-고객의 요구사항 파악-결과보고-배웅

② 고객접객-고객의 요구사항 파악-상담 및 업무처리-결과보고-배웅

③ 고객접객-상담 및 업무처리-고객의 요구사항 파악-배웅-결과보고

④ 고객접객-고객의 요구사항 파악-결과보고-상담 및 업무처리-배웅

68 방문고객 응대 시 좌석배치 예절이 <u>잘못된</u> 것은?

① 영상물을 보게 될 경우에는 영상물을 마주보고 가장 잘 보이는 자리가 상석이다.

② 응접실 내에서는 입구 쪽에서 가장 먼 곳이 상석이다.

③ 경치가 좋은 곳에서는 경치를 볼 수 있는 창가자리가 상석이다.

④ 사무실과 함께 있는 경우는 책상에서 비교적 가까운 자리가 상석이다.

TIP 사무실과 함께 있는 경우는 책상에서 멀리 떨어진 자리가 상석

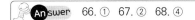 66. ① 67. ② 68. ④

Chapter **02**

상품추천

상품추천

1. 고객정보 파악

1) 고객정보와 여행패턴 파악

(1) 고객 데이터베이스의 개념

① 데이터베이스 마케팅의 개념

고객 데이터베이스란 마케팅 목적을 위해 구축된 고객의 개인정보를 의미한다. 데이터베이스 마케팅은 고객에 대한 여러 가지 정보를 컴퓨터를 이용하여 데이터베이스화하고, 구축된 고객 데이터베이스를 바탕으로 고객 개개인과 장기적인 관계 구축을 위한 마케팅 전략을 수립하고 집행하는 전반적인 활동을 말한다.

② 데이터베이스의 유형

상품중심 데이터베이스, 고객중심 데이터베이스

③ 데이터베이스 구축의 주요 내용

- 고객의 성명과 주소, 전화번호
- 고객에 대한 촉진 활동(메일 발송 등) 기록
- 고객의 촉진 활동에 대한 응답 활동
- 구입 상품 종류, 구입 금액, 1회 평균 구입액
- 상품 구입 수단(전화, 인터넷, 모바일, 직접 방문 등) 및 지불 방법
- 거래 활동이나 질문지에 의한 조사를 통하여 기록되어 있는 개인정보

2) 고객정보 기록과 업데이트

(1) 고객정보 수집 내용

① 고객 관리정보

- 여행이력 정보: 여행횟수, 여행기간, 여행계절, 여행지역, 상품선택 속성, 구매주기, 담당직원 등
- 고객 가치: 우수 고객, 성장 고객, 충성 고객, 휴면 고객, 신규 고객 등
- 상품 선호도: 지역선호도, 여행 형태(활동형, 휴양형 등) 선호도, 여행 시기 선호도(계절, 요일) 등
- 여행상품 구매 성향: 가격 민감도, 교통편에 대한 민감도, 숙박에 대한 민감도 등

② 고객정보 관리방침

- 개인정보의 이용 및 보유 기간(소비자 보호에 관한 법률)
- 계약 또는 청약협회 등에 관한 기록: 5년
- 대금 결제 및 재화 등의 공급에 관한 기록: 5년
- 소비자의 불만 또는 분쟁 처리에 관한 기록: 3년

2. 고객욕구 파악

1) 고객욕구 파악

(1) 관광심리와 관광행동

① 관광객의 심리적 특성

- 일반적 심리 특성
- 평상시에 비해 감정의 기복이 심해지게 되고, 환대받기를 원하며 여행 중 감수성이 높아져 평소와는 다른 것에 흥미를 느끼는 경향이 있다.

■ 성격유형에 따른 심리 특성

구분	성격 심리
내향적 성격 소유자	• 이미 알고 있는 목적지 선호 • 여행지에서 평범한 활동 선호 • 대형 호텔, 패밀리 레스토랑, 관광 쇼핑 시설 선호 • 패키지투어 선호
외향적 성격 소유자	• 일반 관광객이 잘 가지 않는 지역 선호 • 색다르고 처음 가 보는 지역을 선호 • 반드시 현대적이거나 체인 호텔을 원하지는 않음. • 하프 메이드 투어(half-made tour) 선호

(2) 여행욕구와 여행동기

① 여행욕구

관광욕구 - 창조성과 심미성 추구, 지식 추구, 다양성 추구

② 여행동기

여행욕구, 동기, 동기 요인 간의 관계

욕구	동기	동기 요인
생리적 욕구	휴식	탈출, 휴식, 긴장 해소, 햇빛 추구
안정의 욕구	안전	건강, 위락, 활동성, 건강 유지
귀속 욕구	사랑	가족 동반, 가족 관계 향상, 우정, 친교, 인간관계 형성, 고향 찾기, 친지, 동족 방문, 사회적 접촉
자존 욕구	성취능력, 신분	성취 능력 확인, 자기 위치 과시, 명예감, 사회적 인정, 자아확대, 자기 계발, 신분과 명성
자아실현 욕구	진실성 추구	자아 계발 평가, 자기 발견, 내적 욕구 충족
학습이해 욕구	지식추구	문화 경험, 교육, 타 지역에 대한 관심
심미 욕구	미의 이해	환경, 자연 경관미

③ 여행행동

- 여행행동의 영향요인

  − 인구 통계적 요인, 사회 · 문화적 요인, 심리적 요인, 목적지 요인, 환경 외적 요인(시간과 건강 요인), 여행 커뮤니케이션 요인

2) 고객 데이터 기록부에 기록

(1) 여행사의 여행상품

- **여행상품의 구성 요소**

  − 교통수단, 숙박 시설, 음식업체, 여행 활동 및 여행 대상지, 쇼핑 시설, 여행 서비스(안내, 수속 대행) 등

(2) 여행상품 별 선택속성의 특성

교통수단과 관련된 속성, 숙박 시설과 관련된 속성, 음식 요리와 관련된 속성, 여행사의 안정성, 안내원의 경험과 질, 여행 인솔자의 친절성, 여행 인솔자의 안내, 여행 인솔자의 통역 능력 등

3. 상품추천

1) 여행상품의 개발주체에 의한 분류

(1) 기획여행상품

① 기획여행상품: 여행업을 경영하는 자가 여행자를 위하여 여행의 목적지 · 일정, 여행자가 제공받을 운송과 숙박 등의 서비스 내용과 그 요금 등에 관한 사항을 미리 정하고, 이에 참가하는 여행자를 모집하여 실시하는 여행상품(관광진흥법 제2조)을 말한다.

(2) 주문여행상품

① 인센티브 여행상품: 기업체 또는 단체에서 목표 달성을 위한 동기 부여 수단으로 성
과급이나 포상의 수단으로 제공되는 여행상품
② 맞춤형 여행상품: 여행자의 주문과 요구를 중심으로 상품이 구성되는 여행상품
③ 주문여행상품: 고객과의 충분한 상담을 통해서 고객의 요구 사항을 최대한 반영시
켜 만들어지는 여행상품

2) 여행상품 기능의 분류

(1) 국적 및 국경을 기준으로 한 분류

① 국내여행(Domestic Travel) 상품

국내를 여행하고자 하는 내국인을 대상으로 개발 · 판매 · 운영되는 여행상품

② 국외여행(Outbound Travel) 상품

국외를 여행하고자 하는 내국인을 대상으로 개발 · 판매 · 운영되는 여행상품

③ 외국인 여행(Inbound Travel) 상품

우리나라를 방문하여 국내를 여행하고자 하는 외국인을 대상으로 개발 · 판매 · 운영
되는 여행상품

(2) 여행규모에 따른 분류

① 개인여행

9인 이하의 여행객 단위를 말한다. 여행의 목적이 다양할 뿐만 아니라 각 개인의 요
구에 부응해야 하므로 업무가 복잡할 수 있으나 1인당 수익률은 단체 여행에 비해 높을
수 있다.

② 단체여행

10인 이상의 여행을 말한다. 그룹 여행의 형태가 대부분 위락 여행인 점을 감안할 때

계절에 따른 영향을 받는 단점이 있으나 동일한 목적의 구성원이 하나의 단체가 되므로 업무가 반복적이고 간편하다는 장점이 있다.

(3) 안내 조건에 따른 분류

① IIT(inclusive independent tour)

여행 출발 시 안내원이 동반하지 않고 목적지에 도착한 후 일정 지역과 일정 기간동안 현지 안내원의 안내 서비스를 받는 형태이다.

② ICT(inclusive conducted tour)

여행 출발부터 안내원이 전 여행 기간 동행하여 안내하는 여행으로 그룹 여행이나 패키지에서 많이 이용하는 형태이다.

(4) 입국 비자 유무에 따른 분류

① 기항지 상륙 여행(shore excursion)

선박의 승객, 승무원이 타고 있는 배가 항구에 정박하고 있는 동안에 상륙해서 관광하는 것을 말한다.

② 통과 육상 관광 여행(over land tour)

목적지가 제3국인 통과 여행객을 위해 비자 없이 항공권 소지만으로 입국을 허가하는 제도(TWOV: transit without visa, 무사증 통과)의 한 형태이다.

3) 여행상품의 목적 및 테마에 따른 분류

(1) 패키지(Package) 여행상품

여행사가 여행상품 기획의 주체가 되어 대중적이며 연속적인 상품을 개발하여 신문 광고나 인터넷 또는 대리점 등을 통한 다양한 촉진전략을 통해 판매하는 여행상품을 말한다.

(2) 허니문 여행상품

신혼여행객을 위한 상품으로 단체여행과는 달리 2명 이상이면 출발할 수 있도록 구성되어 있다. 결혼식 특성을 고려하여 주로 주말에 출발하는 일정으로 구성되어 있으며 고급스러운 휴양지를 선호하는 신혼여행객들의 특성과 주말 출발인 점이 반영되어 가격대가 비교적 높은 편이다.

(3) 배낭여행상품

비용 면에서 저렴하면서도 다양한 여행경험을 선호하는 젊은 층을 중심으로 수요가 꾸준히 증가하고 있는 여행형태이다. 교통편의 이용에 있어서는 저렴한 경유항공권을 선호하는 경향이 있으며 현지 교통편도 철도패스 등을 사용하고 숙박은 게스트하우스(guest house)를 이용하는 경우가 많다.

(4) 인센티브(Incentive) 여행상품

인센티브 여행상품은 기업체 또는 단체에서 목표 달성을 위한 동기 부여 수단으로 성과급이나 포상의 수단으로 제공되는 여행상품이며, 포상 여행이라고 한다.

(5) 골프투어 여행상품

골프 여행객들은 주로 고소득층과 재방문 이용자가 많기 때문에 비수기 여행상품으로 영업에 이익을 가져다줄 수 있기 때문에 많은 여행사들이 고정 고객확보를 위해 노력하고 있다.

(6) 크루즈 여행상품

유람선 여행을 말한다. 숙박, 식사, 스포츠, 선상 활동 및 엔터테인먼트 등이 모두 요금에 포함되어 있다.

(7) 에어텔(Airtel, Airline+Hotel) 여행상품

출장 여행자를 위해 출시된 상품이다. 주요 내용은 항공권과 도심의 비즈니스호텔에서의 숙박을 제공한다.

(8) 리조트 여행상품

여행을 통해 휴식과 재충전의 기회를 얻고자 하는 여행객들이 리조트 내의 부대시설 등을 이용하면서 즐기고 쉬고자 하는 욕구를 충족시켜줄 수 있는 휴식여행상품이다.

(9) SIT(Special Interest Tour)

특정 관심분야 즉, 문화, 교육, 건강, 스포츠, 회의 등 여행객들의 다양한 관심 분야와 관련된 목적여행을 말한다.

○ 특수 목적 관광의 분류

분 류	내 용
교육 관광	특정 분야에 대한 배움의 욕구를 충족시켜 줄 수 있는 관광
문화 관광	미술, 연극, 공연, 기타 창조적 형태의 경험을 목적으로 하는 관광
종족 생활 체험 관광	인공적으로 꾸며지지 않은 자연의 종족 생활 체험을 목적으로 하는 관광
자연 관광	손상되지 않은 자연환경에 접하는 것을 목적으로 하는 관광
모험 관광	모험성이 강한 야외 활동을 즐기기 위한 관광
스포츠 관광	스포츠 관전, 강습, 경기에 직접 참여하는 것을 목적으로 하는 관광
의료 관광	관광과 의료(치료, 치유)를 목적으로 방문하는 관광

4) 지역별 기획여행상품

(1) 동북아시아 지역 여행상품

① 중국 - (예)

- 대표 여행상품

	상품 명
북경 4일	자금성, 천단공원, 이화원, 만리장성, 명13릉, 용경협 등
상해, 항주, 소주 4일	와이탄, 동방명주타워, 예원, 서호, 영은사, 졸정원 등
백두산 4일	백두산 서파코스 & 북파코스, 장백폭포, 소천지, 용정중 등
계림 5일	첩채산, 이강유람, 관암동굴, 상비산 등
황산 4일	황산 풍경구, 구화산, 황령, 휘주박물관 등
서안 4일	섬서역사박물관, 진시황릉, 병마용 갱, 지하궁전 등
장가계 5일	천문산, 천자산, 원가계, 백룡엘리베이터, 금편계곡 등

- 북경 4일 일정

	날 짜	지 역	교통편
제1일	인 천 북 경	항 공 전용버스	인천(김포) 출발 북경 도착 자금성, 천안문광장, 왕부정 거리 등 관광
제2일	북 경	전용버스	명13릉, 만리장성, 이화원 등 관광
제3일	북 경	전용버스	789예술거리, 천단공원, 더플레이스 등 관광
제4일	북 경 인 천	항 공	북경 출발 인천(김포) 도착

- 국가 개요

정식국명: 중화인민공화국	위치: 아시아 동부
수도: 북경(베이징)	면적: 9,596,960km2 세계 4위 (CIA 기준)
언어: 중국어	기후: 습윤, 아열대, 건조기후
민족: 한족 및 55개의 소수민족	인구: 약 1,355,692,576명 세계 1위(2014년 / CIA 기준)
정치체제: 사회주의	종교: 도교, 불교, 이슬람교, 기독교
1인당 GDP: $8,154 / 세계 80위 (2015년 / IMF 기준)	통화 및 환율: 위안(CNY), 1위안=179원 (2015년 06월 기준)
빅맥 지수: $2.77	시차: GMT+8
비행시간: 인천 → 북경(약 2시간 5분), 인천 → 광저우(약 3시간 30분)	

- 지리적 특성

국토는 남북 5,500km, 동서로 5,200km에 달한다. 북쪽으로는 몽골과 러시아, 북동쪽으로는 한국과 러시아가 위치해 있으며, 동쪽으로는 한국과 동중국해, 서쪽으로는 카자흐스탄과 키르키스탄, 남서쪽으로는 인도ㆍ네팔, 남쪽으로는 미얀마ㆍ라오스ㆍ베트남과 국경을 이루고 있다. 국경선의 총 길이는 약 20,280km에 달한다.

- 기후 - 베이징

대륙성 기후로서 대체로 겨울에는 한랭건조하며 여름에는 고온다우하다. 국토의 면적이 넓으므로 지역에 따라서 기후 차이가 나타난다. 동북지역은 냉대기후를 나타내고 있으며, 서부지역은 건조기후, 하이난 섬을 비롯한 남부지역은 열대기후를 나타내고 있다.

Chapter 02 상품추천 기출문제

01 데이터베이스 구축의 주요 내용에 포함되지 <u>않는</u> 사항은 무엇인가?

① 고객의 촉진 활동에 대한 응답 활동

② 최초의 고객 반응을 얻기 위한 접촉 매체

③ 구입한 상품종류, 구입 금액, 1회 평균 구입액

④ 내부마케팅 데이터 촉진

02 여행객의 패턴 특성에 따른 청년층에 대한 설명으로 틀린 것은?

① 지식 욕구가 강한 편이다.

② 자발적인 활동과 생활을 즐기려는 경향이 있다.

③ 이들은 크루즈여행을 선호하는 경향이 있다.

④ 활동력이 왕성하고 신비한 것에 대한 호기심 많은 편이다.

⭐TIP　③ 크루즈여행은 장년층이 선호하는 여행형태임

03 여행객의 패턴 특성에 따른 노년층에 대한 설명으로 틀린 것은?

① 투어가이드가 동반하는 Package Tour와 보양관광을 선호한다.

② 렌터카 여행을 선호하는 경향이 있다.

③ 새로운 것에 대한 열망보다 안정성에 관심이 많다.

④ 안락하고 편안한 여행에 관심이 많다.

⭐TIP　② 렌터카 여행은 청 · 장년층이 선호하는 여행형태이다.

 Answer　1. ④　2. ③　3. ②

04 다음 중 데이터베이스 마케팅의 개념에 대한 설명으로 <u>틀린</u> 것은?

① 고객 데이터 베이스란 마케팅 목적을 위해 구축된 고객 개인정보를 의미한다.

② 데이터베이스 마케팅은 고객에 대한 여러 가지 정보를 컴퓨터를 이용하여 데이터베이스화하는 과정을 포함한다.

③ 데이터베이스 마케팅은 고객 등 이해관계자와의 강한 유대관계를 형성하고 유지하며 발전시키는 마케팅 활동이다.

④ 데이터베이스 마케팅은 구축된 고객 데이터베이스를 바탕으로 고객 개개인과 장기적인 관계 구축을 위한 마케팅 활동이다.

★TIP ③은 관계마케팅에 대한 설명임

05 데이터베이스의 2가지 유형은 무엇인가?

① 고객중심 데이터베이스, 점포중심 데이터베이스

② 상품중심 데이터베이스, 고객중심 데이터베이스

③ 상품중심 데이터베이스, 점포중심 데이터베이스

④ 점포중심 데이터베이스, 관계중심 데이터베이스

06 여성여행객의 여행성향과 관련한 설명으로 <u>틀린</u> 것은?

① 높은 교육 수준과 취업 기회 확대 등으로 사회적 역할이 향상되었으며 소비의 적극적 주체로 떠오르고 있다.

② 이들의 여행성향은 대체로 감정적이고 온화하며 미적 탐구에 대한 관심이 높다.

③ 스포츠 등을 매개로 하는 여가활동 중심 여행을 선호하는 경향이 높다.

④ 가전제품의 보급 확대로 가사 능률 향상과 여가 시간이 증대되어 여행기회가 확대되었다.

★TIP ③ 스포츠 등을 매개로 하는 여가 활동은 남성들이 선호하는 여행형태임

 4. ③ 5. ② 6. ③

07 고학력 여행객들의 성향에 대한 설명으로 틀린 것은?

① 대체로 지적 욕구가 강한 편이며 새로운 관광지에 관심이 높은 편이다.

② 여행 과정에서 다양한 체험을 기대하는 행동특성을 보인다.

③ 익숙한 것과 패키지 여행상품을 선호하며 유명한 관광지 위주로 방문하는 여행패턴을 보이는 경향이 있다.

④ 생태 관광, 문화 민속 관광, 학술 세미나 참가 등 인센티브 주문형 여행상품을 선호하는 여행패턴을 보인다.

★TIP   ③은 상대적으로 저학력 여행객들의 여행패턴으로 분류됨

08 개인정보와 관련된 설명으로 틀린 것은?

① 개인정보란 살아 있는 개인에 관한 정보로서 성명, 주민등록번호 및 영상 등을 통하여 개인을 알아볼 수 있는 정보를 말한다.

② 개인정보 처리자는 최소한의 개인정보만을 적법하고 정당하게 수집하여야 한다.

③ 개인정보 처리자는 직접적 또는 간접적으로 필요한 범위 내에서 처리하여야 한다.

④ 개인정보 처리자는 개인정보 처리 목적을 명확하게 하고 그 목적에 필요한 범위에서 수집하고 처리하여야 한다.

★TIP   ③ 개인정보 처리자는 직접적으로 필요한 범위 내에서만 처리하여야 한다.

09 개인정보의 이용 및 보유 기간과 관련하여, 관계 법령의 규정에 의하여 보존할 필요가 있는 경우에는 일정기간 동안 안전하게 보관하게 된다. 이에 대한 설명으로 틀린 것은?

① 계약 또는 청약협회 등에 관한 기록: 5년

② 대금 결제 및 재화 등의 공급에 관한 기록: 5년

③ 소비자의 불만 또는 분쟁 처리에 관한 기록: 3년

④ 계약 또는 대금 결제에 관한 기록: 3년

 Answer   7. ③   8. ③   9. ④

10 개인정보 처리자는 다음의 경우에 개인정보를 수집하고 이용할 수 있다. 이에 해당되지 <u>않는</u> 사항은?

① 정보 주체로부터 사전에 동의를 받은 경우

② 개인정보를 수집·이용하지 않고는 정보 주체와 계약 체결 또는 체결된 계약의 내용에 따른 의무를 이행하는 것이 불가능하거나 현저히 곤란한 경우

③ 개인정보 처리자가 정보 주체로부터 직접 명함 또는 그와 유사한 매체를 제공받음으로써 개인정보를 수집하는 경우

④ 개인정보 처리자의 필요에 따라 비공개된 매체 또는 장소에서 개인정보를 수집하는 경우

★TIP   ④ 개인정보 처리자는 공개된 매체나 장소에서 개인정보를 수집하여야 함.

11 여행사에서 필요한 고객관리 정보에 해당되지 <u>않는</u> 것은?

① 여행이력 정보
② 연락처
③ 여행상품 구매성향
④ 학력

12 관광객의 일반적 심리특성에 대한 설명으로 거리가 <u>먼</u> 것은?

① 관광객들은 긴장감과 해방감이라는 상반된 감각을 동시에 가지는 경향이 있다.
② 평상시에 비해 감정의 기복이 심해지게 되는 경향이 있다.
③ 관광 기간 동안 관광 종사원들에 대해 심리적 우월감을 과시하고자 하는 경향이 있다.
④ 단체여행일 경우에는 개인 여행일 경우보다 심리적으로 긴장감의 강도가 더 크게 나타나며, 개인 여행일 경우 심리적으로 해방감의 강도가 더 크게 작용한다.

★TIP   ④ 단체여행일 경우 심리적 해방감의 강도가 더 크게 작용함.

Answer   10. ④   11. ④   12. ④

13 다음의 성격 특성에 맞는 성격 소유자는?

> - 이미 알고 있는 목적지를 선호
> - 여행지에서 평범한 활동을 선호
> - 대형 호텔, 패밀리 레스토랑, 관광 쇼핑 시설 선호
> - 이국적 분위기 보다 가족적이고 친숙한 분위기 선호
> - 스케줄이 꽉 찬 패키지를 선호

① 내향적 성격 소유자   ② 외향적 성격 소유자
③ 양향적 성격 소유자   ④ 소향적 성격 소유자

14 다음의 성격 특성에 맞는 성격 소유자는?

> - 일반 관광객이 잘 가지 않는 지역을 선호
> - 다른 사람이 가보기 전에 새로운 경험을 하고자 함.
> - 색다르고 처음 가보는 지역을 선호
> - 반드시 현대적이거나 체인 호텔을 원하지는 않음.
> - 하프 메이드 투어(half-made tour) 선호

① 내향적 성격 소유자   ② 외향적 성격 소유자
③ 양향적 성격 소유자   ④ 소향적 성격 소유자

15 인간의 심리특성 중 관광욕구와 거리가 <u>먼</u> 특성은 무엇인가?

① 창조성과 심미성 추구
② 지식 추구
③ 다양성 추구
④ 질서유지 추구

 Answer   13. ①   14. ②   15. ④

16 인간의 기본적인 욕구단계 중에 관광과 연관성이 가장 높은 욕구단계는?

① 생리적 욕구 단계   ② 안전 욕구 단계

③ 사회적 욕구 단계   ④ 자아실현 욕구 단계

TIP   ④ 매슬로우 욕구 5단계설에서 볼 때 관광욕구는 다른 욕구가 실현된 후인 최상의 단계 즉, 자아실현 욕구단계에서 실현됨.

17 다음 빈칸에 들어갈 <u>적당한</u> 말을 고르시오.

> (　　　　)는 여행행동을 일으키게 하는 중요한 요인으로 인간이 여행을 통해 만족을 얻고자 할 때 일어난다. (　　　　)는 특정한 여건 하에서 여행객 행동을 유발하고, 그 방향을 결정지을 수 있도록 활성화된 상태의 욕구를 의미한다.

① 여행동기   ② 여행이미지

③ 여행성향   ④ 여행목적지

TIP   욕구 ⇨ 동기 ⇨ 행동으로 나타남.

18 다음의 빈칸에 들어갈 적당한 단어를 선택하시오.

욕구	동기	동기 요인
안정 욕구	안전	건강, 위락, 활동성, 건강 유지
자존 욕구	성취능력, 신분	명예감, 사회적 인정, 자아확대, 자기 계발, 직업 관리, 신분과 명성
(A)	진실성 추구	자아 계발 평가, 자기 발견, 내적 욕구 충족
학습이해 욕구	지식추구	(B)

① A: 안전 욕구　B: 문화 경험, 타 지역에 대한 관심

② A: 자아실현 욕구　B: 문화 경험, 타 지역에 대한 관심

③ A: 자아실현 욕구　B: 건강, 위락, 활동성

④ A: 심미욕구　B: 문화 경험, 타 지역에 대한 관심

Answer   16. ④　17. ①　18. ②

19 다음 중 여행행동의 영향요인에 해당되지 <u>않는</u> 것은?

① 인구 통계적 요인
② 사회 · 문화적 요인
③ 비대칭 요인
④ 목적지 요인

20 여행자의 선택행동은 다음과 같은 몇 가지 점에서 다른 소비자와의 차이가 있다. 이에 대한 설명으로 <u>틀린</u> 것은?

① 일반적으로 여행경비 지출은 즉흥적이라기보다는 상당한 기간에 걸쳐 저축을 통해 준비되고 계획된다.
② 여행상품의 구매와 소비과정에 있어서 여행자의 신체적 건강상태와 이동거리는 제약 요인이 되지 않는다.
③ 여행자는 휴가 기간, 공휴일, 주말 등과 같은 한정된 시간에 여행을 통해 최대의 만족을 추구하기 때문에 많은 양의 정보를 필요로 한다.
④ 여행 의사결정 시 준거집단 또는 대면집단의 구전의 영향을 비교적 크게 받는다.

> **TIP** ② 여행상품은 구매 후 여행참가라는 이동의 과정이 수반되므로 신체적 건강상태와 이동거리가 제약 요인으로 작용할 수 있음.

21 다음 중 여행상품에 대한 설명으로 <u>틀린</u> 것은?

① 여행 목적지, 숙박, 교통수단, 보조 서비스 및 관광 매력을 결합시킨 것
② 여행자가 여행활동 중에 이용하게 되는 시설 및 제반 서비스 등
③ 여행사의 여행기획과 여행시설 공급업자의 여러 시설공급에 의한 결합체
④ 여행사의 고객인 잠재여행자의 여행욕구 및 동기

> **TIP** 여행상품은 잠재 소비자에게 판매될 목적으로 만들어 지는 상품의 개념임.

 **Answer** 19. ③ 20. ② 21. ④

22 다음 중 여행상품의 직접적 구성요소에 포함되지 <u>않는</u> 것은?

① 교통수단, 숙박시설

② 음식업체, 여행활동 및 여행 대상지

③ 쇼핑시설, 여행안내

④ 여권, 비자

★TIP   ④ 여권과 비자는 간접적 구성요소임.

23 여행자가 여행상품을 선택할 때 중요하게 여기는 것을 무엇이라 하는가?

① 선택 속성   ② 선택 지각

③ 선택 인식   ④ 선택 이미지

24 여행상품의 선택 속성에 해당되지 <u>않는</u> 것은?

① 교통, 숙박시설과 관련된 속성

② 음식과 관련된 속성

③ 여행인솔자의 친절성

④ 여행에 참여하는 동반자들의 속성

25 다음의 여행상품에 해당하는 것은?

여행업을 경영하는 자가 여행의 목적지, 일정, 운송, 숙박 등의 서비스 내용과 그 요
금 등에 관한 사항을 미리 정하고, 이에 참가하는 여행자를 모집하여 실시하는 여행

① 기획여행상품   ② 주문여행상품

③ 에어텔 여행상품   ④ 맞춤형 여행상품

Answer   22. ④ 23. ① 24. ④ 25. ①

26 다음의 여행상품에 해당하는 것은?

> 기업체 또는 단체에서 목표 달성을 위한 동기 부여 수단으로 성과급이나 포상의 수단
> 으로 제공되는 여행상품

① 기항지 여행상품　　　　　　　　② 패키지 여행상품
③ 출장 여행상품　　　　　　　　　④ 인센티브 여행상품

TIP ④ Incentive Tour는 포상여행을 의미함.

27 국내를 여행하는 내국인의 여행을 무엇이라고 하는가?

① Theme Travel　　　　　　　　② Outbound Travel
③ Domestic Travel　　　　　　　④ Inbound Travel

TIP ③ Domestic Travel – 국내여행

28 국외를 여행하는 내국인의 여행을 무엇이라고 하는가 ?

① Outbound Travel　　　　　　　② Package Travel
③ Overbound Travel　　　　　　④ Inbound Travel

TIP ① Outbound Travel – 국외여행, 해외여행

29 국내를 여행하는 외국인의 여행을 무엇이라고 하는가?

① Domestic Travel　　　　　　　② Outbound Travel
③ Theme Travel　　　　　　　　④ Inbound Travel

TIP ④ Inbound Travel – 외국인의 국내여행을 의미함.

 **Answer**　26. ④　27. ③　28. ①　29. ④

30 여행 규모에 따른 분류에서 개인여행의 특성에 대한 설명으로 <u>틀린</u> 것은?

① 9인 이하의 여행객 단위를 말한다.

② 여행사 입장에서 볼 때 계절 및 경기의 변동이 비교적 적기 때문에 안정된 수입원이 된다.

③ 여행의 목적이 다양할 뿐만 아니라 각 개인의 요구에 부응해야 하므로 업무가 복잡하다.

④ 관련 시설업자들로부터 요금을 할인받아 여행객에게 저렴한 가격으로 제시할 수 있어 대량 판매가 가능하다.

★TIP ④는 단체여행의 특성에 대한 설명임.

31 여행 규모에 따른 분류에서 단체여행에 대한 설명으로 <u>틀린</u> 것은?

① 10인 이상의 여행을 말한다.

② 여행객이 희망하는 공통적인 일정을 충분히 연구하여 작성하며, 일정에 명시된 사항을 충실히 이행한다.

③ 개인여행에 비해 대량판매의 가능성이 낮은 편이다.

④ 동일한 목적의 구성원이 하나의 단체가 되므로 업무가 반복적이고 간편하다는 장점이 있다.

32 안내조건에 따른 분류로서 다음의 여행형태를 무엇이라고 하는가?

여행 출발 시 안내원이 동반하지 않고 목적지에 도착한 후 현지 안내원의 안내 서비스를 받는 여행형태

① IIT   ② IVT
③ ICT   ④ IPT

Answer 30. ④ 31. ③ 32. ①

33 안내조건에 따른 분류로서 다음의 여행형태를 무엇이라고 하는가?

> 여행 출발부터 안내원이 여행기간 동행하여 안내하는 여행으로 패키지 여행에서
> 많이 이용하는 여행형태

① IIT   ② IVT
③ ICT   ④ IPT

34 여행의 입국 비자 유무에 따른 분류에서 다음의 여행형태를 무엇이라고 하는가?

> 선박의 승객, 승무원이 타고 있는 배가 항구에 정박하고 있는 동안에 상륙해서 관광
> 하는 것을 말한다. 일정 시간 이내의 상륙이 인정되고 있으나 행동 범위에 대해서
> 제한이 있는 것이 통례로 되어 있다.

① 목적지 여행
② 기항지 상륙 여행
③ 승무원 여행
④ 항구 정박여행

35 다음에서 설명하는 것을 고르시오.

> - 최소 200~4,000명 정도의 인원이 선내 휴양의 목적을 가지는 유람선여행을 말한다.
> - 숙박, 식사, 스포츠, 선상 활동 및 엔터테인먼트 등이 모두 요금에 포함되어 있다.
> - 식사 제공, 다양한 시설과 활동의 이용료가 가격에 포함되어 있다.

① 크루즈 여행상품
② 인센티브 여행상품
③ 엔터테인먼트 여행상품
④ 인클루시브 여행상품

 **Answer** 33. ③   34. ②   35. ①

36 여행의 입국 비자 유무에 따른 분류에서 다음의 여행형태를 무엇이라고 하는가?

> 목적지가 제3국인 통과 여행객을 위해 비자 없이 항공권 소지만으로 입국을 허가
> 하는 제도의 한 형태로서 통과 여객에게 주어지는 짧은 시간의 여행 형태로 보통 72
> 시간 이내에 제3국으로 출국해야 한다.

① 국경근로자   ② 기항지 상륙여행

③ 통과 육상여행   ④ 72시간 여행제도

37 에어텔 여행상품에 대한 설명으로 <u>틀린</u> 것은?

① 에어텔은 Airline과 Hotel의 합성어이다.

② 출장 여행자를 위해 출시된 상품이다.

③ 항공권과 도심의 비즈니스호텔에서의 숙박을 제공한다.

④ 본래 단체 여행자를 위해 출시된 상품이다.

38 다음 중 특정 관심분야 여행 또는 특수 목적 관광이라고 부르며, 문화, 교육, 건강, 스포츠, 회의 등 여행객들의 다양한 관심 분야와 관련된 목적여행은?

① SIT   ② SAT

③ SVT   ④ SPT

39 다음 중 특수목적 관광분류의 형태에 포함되지 <u>않는</u> 것은?

① 문화 관광

② 모험 관광

③ 의료 관광

④ 패키지 관광

Answer   36. ③   37. ④   38. ①   39. ④

40 다음 중 북경 여행상품의 대표적 관광지가 <u>아닌</u> 곳은?

① 자금성　　　　　② 천단공원　　　　　③ 진시황릉　　　　　④ 명 13릉

TIP ③ 진시황릉은 서안의 관광지

41 다음 중 와이탄, 동방명주타워, 예원, 서호, 영은사, 졸정원 등을 방문하는 여행상품은?

① 상해, 항주, 소주 4일　　　　　　　　② 북경, 백두산 5일

③ 서안, 계림 6일　　　　　　　　　　　④ 장가계, 원가계 7일

42 중국의 대표적 산악 관광지를 방문하는 여행상품으로 천문산, 천자산, 원가계, 백룡엘리베이터 등이 포함된 여행상품은?

① 백두산 4일　　　② 황산 4일　　　③ 장가계 5일　　　④ 계림 5일

43 우리나라의 인천에서 중국 북경까지의 비행시간은?

① 약 1시간　　　② 약 2시간　　　③ 약 3시간　　　④ 약 4시간

44 다음은 중국의 지리적 특성에 대한 설명이다. 빈칸에 들어갈 말을 고르시오?

> 북쪽으로는 (ⓐ), 동쪽으로는 (ⓑ), 서쪽으로는 (ⓒ), 남쪽으로는 (ⓓ)과
> 국경을 이루고 있다.

① ⓐ 몽골과 러시아 ⓑ 한국 ⓒ 카자흐스탄 ⓓ 미얀마 · 라오스 · 베트남
② ⓐ 카자흐스탄 ⓑ 한국 ⓒ 몽골과 러시아 ⓓ 미얀마 · 라오스 · 베트남
③ ⓐ 몽골과 러시아 ⓑ 한국 ⓒ 미얀마 · 라오스 · 베트남 ⓓ 카자흐스탄
④ ⓐ 카자흐스탄 ⓑ 한국 ⓒ 미얀마 · 라오스 · 베트남 ⓓ 몽골과 러시아

Answer　40. ③　41. ①　42. ③　43. ②　44. ①

45 다음 중 도쿄 4일 상품에 포함되지 <u>않는</u> 지역은?

① 하코네　　　　② 닛코　　　　③ 디즈니랜드　　　④ 교토

★TIP　④ 교토는 오사카 인접 도시

46 일본은 주요 섬 4개를 중심으로 이루어진 나라이다. 주요 4개의 섬은 어디인가?

① 홋카이도, 혼슈, 시코구, 큐슈　　　　② 혼슈, 후쿠오카, 시코구, 큐슈

③ 시코구, 큐슈, 오사카, 홋카이도　　　④ 홋카이도, 혼슈, 시코구, 닛코

47 태국 여행상품 중 방콕·파타야 5일 상품에 포함되지 <u>않는</u> 관광지는 어디인가?

① 왕궁　　　　② 산호　　　　③ 수상시장　　　④ 피피섬

★TIP　④ 피피섬은 푸켓의 관광지임.

48 다음 중 태국의 수도는?

① 푸켓　　　　② 파타야　　　　③ 방콕　　　　④ 치앙마이

49 태국의 화폐단위는?

① 미트　　　　② 엘르　　　　③ 리엘　　　　④ 바트

50 인천공항에서 태국 방콕 공항까지의 비행시간은?

① 약 3시간 30분　　　　　　② 약 4시간 30분
③ 약 5시간 30분　　　　　　④ 약 6시간 30분

Answer　45. ④　46. ①　47. ④　48. ③　49. ④　50. ③

51 다음 국가 중 태국의 주변국가가 <u>아닌</u> 나라는 어디인가?

① 필리핀   ② 미얀마   ③ 라오스   ④ 캄보디아

★TIP   필리핀은 섬나라임.

52 다음 중 태국의 기후조건에 대한 설명으로 <u>올바른</u> 것은?

① 봄·여름·가을·겨울의 4계절이 뚜렷한 나라이다.

② 1년 내내 해수욕이 가능한 아열대기후이다.

③ 5월부터 9월까지만 해수욕이 가능한 온대기후이다.

④ 우리나라와 계절이 반대로 10월에서 4월까지 해수욕이 가능하다.

53 필리핀의 수도는 어디인가?

① 하노이   ② 호치민   ③ 세부   ④ 마닐라

54 다음 중 필리핀의 관광지가 <u>아닌</u> 곳은?

① 팍상한   ② 세부   ③ 보라카이   ④ 프놈펜

★TIP   프놈펜은 캄보디아의 수도

55 다음 중 필리핀에 대한 설명으로 <u>틀린</u> 것은?

① 필리핀은 영어를 공용어로 사용하고 있어서 영어를 할 줄 아는 여행객들은 언어에 대한 불편함이 거의 없다.

② 필리핀의 화폐단위는 페소이다

③ 필리핀의 1인당 GDP는 약 $3,000로 세계에서 약 120위의 수준에 있다.

④ 필리핀 국민의 대다수는 불교를 믿고 있다.

★TIP   필리핀 국민의 대다수는 가톨릭 신자임.

Answer   51. ①   52. ②   53. ④   54. ④   55. ④

56 필리핀의 지리적 특성에 대한 설명으로 <u>맞는</u> 것은?

    ① 필리핀은 남쪽으로 라오스와 국경을 접하고 있다.

    ② 필리핀은 북쪽으로 미얀마와 국경을 접하고 있다.

    ③ 필리핀은 약 7,000여개의 섬으로 이루어져 있는 나라이다.

    ④ 필리핀은 서쪽으로 캄보디아와 국경을 접하고 있다.

57 다음 중 싱가포르에 위치한 관광지는?

    ① 머라이언 공원, 주롱새 공원   ② 조호바루, 바탐

    ③ 빈탄, 바탐   ④ 조호바루, 빈탄

  ★TIP   조호바루는 말레이시아 영토, 빈탄 · 바탐은 인도네시아령의 섬

58 캄보디아의 대표적 관광지가 <u>아닌</u> 곳은?

    ① 앙코르 톰   ② 타프롬 사원

    ③ 주롱새 공원   ④ 톤레삽 호수

  ★TIP   주롱새 공원은 싱가포르의 관광지임.

59 다음 중 싱가포르에 대한 설명으로 <u>틀린</u> 것은?

    ① 동남아시아, 말레이반도의 최북단에 위치해 있다.

    ② 싱가포르의 수도는 싱가포르이다.

    ③ 해상교통의 중요한 지점에 자리 잡고 있어 동서무역의 중심지이다.

    ④ 약 60여개의 작은 섬들로 이루어져 있는 섬나라이다.

  ★TIP   싱가포르는 말레이반도 최남단에 위치함.

Answer   56. ③   57. ①   58. ③   59. ①

60 앙코르와트 유적지가 인접한 캄보디아 최대의 관광도시는 어디인가?

① 프놈펜 ② 씨엠립
③ 포이펫 ④ 아란야

61 다음 중 서유럽에 속하지 <u>않는</u> 나라를 고르시오.

① 스위스 ② 이탈리아
③ 스웨덴 ④ 프랑스

TIP 스웨덴은 북유럽에 속함.

62 다음 중 영국에 위치한 관광지가 <u>아닌</u> 곳을 고르시오.

① 버킹엄 궁전 ② 웨스트민스터 사원
③ 빅벤 ④ 콜로세움

TIP 콜로세움은 로마에 위치

63 다음 중 파리에 위치한 관광지가 <u>아닌</u> 곳을 고르시오.

① 루브르 박물관 ② 샹젤리제 거리
③ 노트르담 대성당 ④ 타워브리지

TIP 타워브리지는 런던에 위치.

64 인터라켄, 융프라우는 어느 나라에 위치한 관광지인가?

① 이탈리아 ② 프랑스
③ 스위스 ④ 오스트리아

Answer 60. ② 61. ③ 62. ④ 63. ④ 64. ③

65 다음의 도시 중 이탈리아에 속하지 <u>않은</u> 곳은?

① 밀라노　　　　　　　　　　　② 피렌체

③ 하이델베르크　　　　　　　　④ 베니스

★TIP　하이델베르크는 독일의 도시.

66 인천에서 서유럽의 대표적인 관광도시인 파리까지의 비행시간은?

① 약 10시간　　　　　　　　　　② 약 12시간

③ 약 14시간　　　　　　　　　　④ 약 16시간

67 다음은 어느 나라의 지리적 특성에 대한 설명인가?

유럽 대륙 서북쪽 대서양에 위치한 입헌군주국의 섬나라로, 스코틀랜드, 잉글랜드, 북아일랜드, 웨일스로 이루어진 나라이다.

① 영국　　　　　　　　　　　　② 프랑스

③ 이탈리아　　　　　　　　　　④ 스위스

68 다음은 어느 나라의 지리적 특성에 대한 설명인가?

유럽에서 세 번째로 면적이 큰 나라로, 북쪽으로 영국해협과 도버해협을 사이에 두고 영국이 있으며, 북동쪽으로는 벨기에, 동쪽으로는 독일, 스위스, 이탈리아, 남쪽으로는 스페인과 국경을 마주하고 있다.

① 스웨덴　　　　　　　　　　　② 프랑스

③ 영국　　　　　　　　　　　　④ 오스트리아

Answer　65. ③　66. ②　67. ①　68. ②

69 다음은 어느 나라의 지리적 특성에 대한 설명인가?

> 유럽 대륙의 중앙부근에 위치해 있으며, 국토의 약 3/4이 산과 호수로 이루어진 나라이다. 주변국으로는 북쪽으로 독일, 서쪽으로 프랑스, 동쪽으로 오스트리아와 리히텐슈타인, 남쪽으로 이탈리아와 국경을 마주하고 있다.

① 스페인 ② 스웨덴
③ 그리스 ④ 스위스

70 다음은 어느 나라의 지리적 특성에 대한 설명인가?

> 3면이 바다로 둘러 쌓여있는 반도국가로 유럽 중남부에 위치해 있다. 국토의 대부분은 산지와 구릉으로 이루어져 있고 평야는 국토의 약 1/5이다. 주변국으로는 알프스 산맥을 경계로 프랑스, 스위스, 오스트리아와 국경을 접하고 있다.

① 이탈리아 ② 폴란드
③ 독일 ④ 핀란드

71 다음 중 스위스의 수도를 고르시오?

① 베니스 ② 베를린
③ 취리히 ④ 베른

72 다음 중 미국의 수도는?

① 시카고 ② 뉴욕
③ 워싱턴 D.C ④ 샌프란시스코

 Answer 69.④ 70.① 71.④ 72.③

73 인천공항에서 미국 LA까지의 비행시간은?

① 약 5시간   ② 8시간

③ 약 11시간   ④ 약 14시간

74 인천공항에서 미국 뉴욕까지의 비행시간은?

① 약 5시간   ② 8시간

③ 약 11시간   ④ 약 14시간

75 미국은 몇 개의 주로 이루어져 있는 나라인가?

① 48개   ② 50개

③ 52개   ④ 55개

76 다음 중 캐나다의 수도는?

① 오타와   ② 토론토

③ 밴쿠버   ④ 캘거리

77 다음 중 캐나다의 유명 관광지가 <u>아닌</u> 곳은?

① 로키산맥

② 나이아가라 폭포

③ CN타워

④ 피서맨스워프

Answer   73. ③   74. ④   75. ②   76. ①   77. ④

78 다음은 미국의 지리적 특성에 대한 설명이다. 빈칸에 들어갈 내용으로 올바른 것은?

> 북쪽으로는 (   ), 남쪽으로는 (   )와 국경을 마주하고 있다. 동쪽으로는 (   ), 서쪽으로는 (   )이 위치해 있다.

① 캐나다, 멕시코, 태평양, 대서양
② 알래스카, 브라질, 태평양, 대서양
③ 캐나다, 멕시코, 대서양, 태평양
④ 캐나다, 브라질, 대서양, 태평양

79 다음 중 호주의 수도는?

① 브리즈번　　　　　　　② 시드니
③ 캔버라　　　　　　　　④ 멜버른

80 인천공항에서 호주 시드니까지의 비행시간은?

① 약 5시간　　　　　　　② 8시간
③ 약 10시간　　　　　　 ④ 약 14시간

81 다음 중 뉴질랜드의 수도는?

① 웰링턴
② 오클랜드
③ 로토루아
④ 크라이스트처치

Answer　78. ③　79. ③　80. ③　81. ①

82 여행사에서 개인정보 수집 항목과 목적이 올바르게 연결된 것은?

① 성명, 생년월일, 연락처–여행상품 예약 및 상담, APIS, 회원 관리

② 여권 및 비자 소지 여부, 여권 정보–항공 예약 발권, 비자 발급, 출국가능여부 파악, 여행요금 결제

③ 카드사명, 카드 번호, 유효 기간, 카드 비밀번호–여행요금 결제, 항공예약

④ 휴대 전화 번호–현금 영수증 발급(소득 공제용)

★TIP 성명, 생년월일, 연락처–여행상품 예약 및 상담, 회원 관리
여권 및 비자 소지 여부, 여권 정보–항공 예약 발권, 비자 발급, 출국가능여부 파악, APIS
카드사명, 카드 번호, 유효 기간, 카드 비밀번호–여행요금 결제

83 일반적으로 여행사에서 수집하는 개인정보가 <u>맞는</u> 것은?

① 학력   ② 생년월일

③ 자택주소   ④ 가족관계

84 여행 동기의 발생과정 설명이 <u>맞는</u> 것은?

① 필요(needs)–욕구(wants)–동기(motivation)–행동(behavior)

② 욕구(wants)–필요(needs)–동기(motivation)–행동(behavior)

③ 욕구(wants)–필요(needs)–동기(motivation)–행동(behavior)

④ 필요(needs)–동기(motivation)–욕구(wants)–행동(behavior)

★TIP 인간의 여행 욕구가 동기화되지 못하면 관광 행동으로 발전하지 못함

85 다음은 무엇을 설명하는 것인가?

여행을 실제로 가능하게 하는 심리적인 힘 또는 심리적인 원동력

① 필요(needs)   ② 욕구(wants)   ③ 동기(motivation)   ④ 행동(behavior)

Answer 82. ④ 83. ② 84. ① 85. ③

Chapter **03**

상담자료 작성

Chapter 03 상담자료 작성

1. 설명자료 수집하기

1) 여행상품 정보 파악하기

(1) 여행정보의 중요성

① 여행정보는 여행상품이나 여행지에 대한 다양한 정보로서 여행객이 여행관련 결정에 있어 필요로 하는 각종 정보 등을 의미한다.

② 여행객들이 탐색하고 취득하는 여행정보는 바로 구매로 이어지는 관광산업의 특성 때문에 다른 어떤 분야보다도 정보에 대한 비중이 크다.

③ 여행정보는 온라인 및 다양한 오프라인 채널을 통해 손쉽게 탐색되어지고, 그들의 경험을 서로 공유할 수 있게 되면서 사람들에게 여행의 의욕을 높이도록 해주고 있다.

④ 탐색되고 수집된 내용이 모두 정보로서 의미를 가지는 것은 아니다.

(2) 여행상품 선택

① 여행상품 결정 전 확인사항

□ 잠재 여행객의 정보 확인하기

- 잠재 여행객의 기본정보
- 잠재 여행객의 동기(여행목적)
- 잠재 여행객의 여행패턴

◻ 대안 여행목적지 확인하기

- 교통수단
- 숙박시설
- 식사
- 여행지
- 쇼핑
- 여행수속
- 인솔자와 현지가이드
- 여행상품가격
- 기타

(3) 정보 확인하기

◻ **정보원천**

- 내부정보원천: 지속적인 정보 검색을 통해 축적된 지식과 개인의 경험
- 외부정보원천: 광고, 여행 가이드북, 관광지 브로슈어, 사회적 관련자들

2) 설명자료 수집하기

(1) 안내정보 유형

① On-line 정보

② Off-line 정보

(2) On-line 관광정보

① On-line 관광정보의 특성

- 최신정보로의 신속한 업데이트와 전달의 용이성

- 양방향의 커뮤니케이션이 가능한 상호작용성
- 문자를 포함한 이미지, 영상 등의 풍부한 멀티미디어 제공
- 검색을 통한 사용의 편리성
- 시·공간의 제약 없는 접근성

② On-line 관광정보의 유형과 내용

- 예약정보
- 여행정보
- 경험정보
- 가격정보
- 교통정보

③ 소셜미디어 관광정보

(3) Off-line 관광정보

① 구전
② 브로슈어(Brochure)
③ 신문
④ TV
⑤ 라디오
⑥ 관광관련기관
⑦ 여행안내서

2. 설명자료 작성하기

1) 설명자료 작성하기

(1) 여행일정표 작성하기

① 여행일정표의 의의

- 무형의 여행상품을 유형의 상품으로 구체화시켜 고객에게 제시한다.
- 여행일정표는 여행사의 이미지와 연결되며, 여행상품 구매 시 가격과 함께 제일 먼저 비교하는 대상이므로 여행상품 선택의 중요자료가 된다.

② 여행일정표 작성을 위한 기본사항

- 여행목적
- 여행기간과 시기
- 여행경비
- 여행경험

③ 여행일정표 작성 시 고려사항

- 여행객의 입장에서 여행일정과 서비스가 만족을 얻을 수 있도록 작성한다.
- 가능한 조기출발이나 심야도착을 피한다.
- 여행의 유형에 맞는 일정을 작성한다.
- 현지에서의 선택관광 종류와 내용에 관한 여행정보를 제공한다.
- 숙박시설은 접근성과 경제성을 고려하여 선정한다.
- 현지의 교통기관은 보험가입이나 안전교육부분에 세심히 신경 써야 한다.
- 동일 장소, 동일 식사는 피하여 식사메뉴를 차별화 시킨다. 또한 현지의음식문화를 체험할 수 있도록 특식메뉴와 식당선정에 신경 써야 한다.
- 기상조건과 현지사정 등에 따라 기본 일정이 변경될 경우에 대비하여 적절한 대안일정을 준비하되 기본일정과 동등하거나 조금 업그레이드된 일정이 될 수 있도록 작성한다.

④ 여행일정표 작성하기

- 여행상품명 기재하기
- 가격
- 교통편
- 예약인원 및 최소 출발인원, 미팅장소
- 포함 및 불포함 내역
- 기본 일정
  - 일자　　■ 도시　　■ 세부일정　　■ 숙박시설　　■ 식 사
  - 선택관광 및 쇼핑　　■ 주의사항 및 연락처

(2) 여행요금 산출 및 세부 요구사항

① 여행요금 영향요소

- 여행기간
- 여행거리
- 여행시기
- 여행인원
- 포함내역

② 여행요금 구성요소

- 교통비: 항공기, 철도, 버스, 선박 등 각종 교통기관의 요금 및 TAX
- 지상비: 숙박비, 식사비, 지상교통비, 입장료, 세금, 현지가이드 및 팁
- 기타비용: 인솔자 비용, 여행자 보험
- 수수료: 여행사의 이윤

3. 자료 전달하기

1) 자료 수신처 확인 및 자료 전달하기

(1) 여행정보의 제공방법

① 방문
② DM
③ 대중매체
④ 전시판매
⑤ FAX 송신
⑥ 온라인 활용
- 웹사이트
- 소셜미디어

2) 자료 수령확인 및 추가요청 사항 파악하기

(1) 고객선호 수신방법

전화, 팩스, 이메일, 스마트폰, 웹 등

(2) 고객관리

① 구매 전 고객관리

상담직원들은 구매 전 고객들의 성향과 요구를 파악하여 적절한 정보를 제공하면서 고객과의 신뢰를 쌓을 수 있어야 할 것이다.

② 판매 후 고객관리

상담직원들은 판매 후 고객관리를 위해 지속적인 정보를 제공하면서 관계를 유지해 나가야 한다.

Chapter 03 상담자료 작성 기출문제

01 다음 중 여행정보에 대한 설명으로 옳지 <u>않은</u> 것은?

① 여행객들이 탐색 · 취득하는 여행정보는 바로 구매로 이어지는 비중이 크기 때문에 매우 중요하다.

② 여행정보는 온라인채널을 통해서 탐색할 수 있다.

③ 여행정보는 오프라인채널을 통해서 탐색할 수 있다

④ 탐색되고 수집된 내용은 모두 정보로서의 가치가 있다.

TIP ④ 목적과 형태, 비용과 가치, 정확성 등과 같은 조건들을 갖추어 관광활동의 효율적 전개에 필요한 지식을 제공할 수 있어야 한다.

02 다음 중 여러 곳의 여행 목적지를 비교하는 단계에서 여행상담 직원이 확인해야 하는 정보가 <u>아닌</u> 것은?

① 교통수단　　　　　　　　　　② 숙박시설

③ 가이드 연락처　　　　　　　　④ 식사

03 다음 중 여행상품 결정 전 고객정보에 대하여 확인해야 하는 정보가 <u>아닌</u> 것은?

① 잠재 여행객의 기본정보

② 잠재 여행객의 동기와 목적

③ 잠재 여행객의 여행패턴

④ 잠재 여행객의 회사 내 직급

 Answer 1.④ 2.③ 3.④

04 다음 중 여행상품을 선택할 때 수집한 정보의 출처가 <u>다른</u> 하나는?

① 개인의 경험   ② 관광지 브로슈어

③ 여행 가이드북   ④ 상업적 광고

⭐**TIP**   ① 내부정보원천이다.

05 여행사에서 정보를 제공하는 형태는 크게 온라인과 오프라인으로 구분할 수 있다. 다음 중 관광 정보의 유형이 <u>다른</u> 것은?

① 신문   ② 구전   ③ 소셜미디어   ④ 브로슈어

06 다음 중 온라인 관광정보의 특성이 <u>아닌</u> 것은?

① 최신 정보로 신속하게 업데이트가 가능하다.

② 일방적인 커뮤니케이션이 이루어진다.

③ 문자 및 이미지, 영상 등 멀티미디어를 제공한다.

④ 시 · 공간의 제약 없이 접근이 가능하다.

07 다음 소셜미디어 관광정보에 대한 설명 중 가장 거리가 <u>먼</u> 것은?

① 소셜미디어는 온라인을 기반으로 사용자의 참여와 정보 축적을 통하여 온라인상에서 정보를 매개로 하는 커뮤니케이션이 가능한 도구이다.

② 웹을 기반으로 문서 및 멀티미디어 자료 전달과 공유를 통하여 사용자 간 정보제공 및 자원공유를 지원하는 온라인 미디어이다.

③ 소셜미디어는 주로 공통관심사를 가진 사람들이 온라인공간에 모여 활동하는 그룹 성격의 커뮤니티이다.

④ 페이스북, 블로그 등을 통해 정보를 제공한다.

⭐**TIP**   ③ 온라인 커뮤니티에 대한 성격이며, 소셜미디어는 개인이 중심이 되어 관계를 형성하고 정보를 공유하는 1인 미디어의 성격이 강하다.

Answer   4. ①   5. ③   6. ②   7. ③

08 다음 중 TV로 제공되는 정보의 장점이 <u>아닌</u> 것은?

① 높은 신뢰성과 즉시성, 동시성으로 상품구매를 촉진한다.
② 감정이입이 가능하다.
③ 화면, 소리, 동작 등을 이용해 드라마틱한 현실감을 전할 수 있다.
④ 비용이 저렴하다.

TIP　④ TV는 다른 매체에 비해 광고료가 높다.

09 여행객의 의사결정측면에서 여행정보의 기능은 직접적 기능과 간접적 기능으로 분류할 수 있다.
<u>바르게 연결된 것은?</u>

① 직접적 기능 – 여행정보는 잠재관광객들의 수요를 자극하여 관광을 창출함으로서 관광산업 및 지역경제 활성화를 도모할 수 있다.
② 간접적 기능 – 여행객들에게 여행의 욕구와 동기를 자극하여 잠재관광수요를 창출한다.
③ 직접적 기능 – 여행정보는 의사결정에 따른 불확실성을 감소시켜 주고, 합리적 선택을 할 수 있도록 도와준다.
④ 직접적 기능 – 정확한 여행정보는 여행객의 현지사정에 대한 이해를 도와 관광자원의 훼손을 방지하며, 지역주민들과의 갈등을 감소시킬 수 있다.

10 다음 중 여행 정보와 내용이 <u>잘못 연결된</u> 것은?

① 관광지역정보 – 날씨, 사회적 환경, 지역의 여행상품, 지역의 문화재
② 교통정보 – 항공, 열차, 지역 내의 대중교통
③ 여행준비정보 – 개인 소지품, 여행지에서의 주의사항
④ 위락시설정보 – 유명한 시장, 쇼핑센터

TIP　위락시설정보: 공원, 놀이동산. 미술관, 박물관, 체육관, 공연장 등

Answer　8. ④　9. ③　10. ④

11 다음 중 상품상담 매뉴얼의 활용방안이 <u>아닌</u> 것은?

① 회사의 목표를 설정하고 달성하기 위한 여러 가지 업무를 배분한 후 업무방향 및 수행전략을 수립하는데 활용할 수 있다.

② 직원의 자기개발 및 합리적 업무수행능력을 개발하는데 필요한 직원교육교재로 활용할 수 있다.

③ 담당부서별 서비스 및 업무에 대한 지속적 관리와 개선에 대한 평가 및 종사원 교육 후 교육에 대한 효과의 지속성을 점검할 수 있다.

④ 회사 내 부서 또는 종사원간 업무의 신속/정확한 처리를 위한 의사소통의 지침서로 활용할 수 있다.

12 다음 중 매뉴얼 작성시 검토사항이 <u>아닌</u> 것은?

① 해당 여행상품 상담 업무의 중요성 및 핵심사항 등 개요 기재

② 회사의 경영방침에 관련된 사항을 포함하여 작성

③ 중요한 핵심사항이나 차별화된 비교우위 요소가 포함되도록 작성

④ 여행상품 상담업무 진행시 발생할 수 있는 고객의 질의에 대한 적절한 응대와 답변 내용을 포함하여 작성

13 다음 중 여행사에서 정보를 제공하는 형태와 유형이 다른 것은?

① 온라인 – 소셜미디어　　　② 오프라인 – 신문

③ 온라인 – 브로슈어　　　　④ 오프라인 – 구전

14 다음 중 여행일정표 작성을 위한 기본적 사항이 <u>아닌</u> 것은?

① 고객의 기본정보　　　　② 여행기간과 시기

③ 변동환율　　　　　　　④ 여행경비

Answer　11. ①　12. ②　13. ③　14. ③

15 일정표 작성 시 유의해야 하는 사항으로 적합하지 <u>않은</u> 것은?

① 항공기 이용 시 기상악화에 대비하여 다른 일정도 생각해 둔다.
② 현지에서의 식사는 가급적 동일한 장소, 메뉴로 선정한다.
③ 호텔은 너무 일찍 출발하는 일정은 피한다.
④ 어린이나 노약자가 포함된 경우 이들을 고려하여 작성한다.

16 다음 중 여행일정표 작성을 위해 필요한 기본 사항이 <u>아닌</u> 것은?

① 여행 목적 ② 여행 경비
③ 여행 기간 ④ 인솔자

17 국내여행상품의 목적지 선정 시 고려해야 할 사항으로 보기 <u>어려운</u> 것은?

① 계절 ② 교통
③ 여행목적 ④ 환율

18 여행 일정표의 작성을 위한 고려사항으로 올바르지 <u>않은</u> 것은?

① 조기출발이나 심야도착을 가급적 피한다.
② 현지에서 대부분의 시간을 이동하는데 보내는 것을 피한다.
③ 관광지에서는 적절한 사진촬영시간을 할애한다.
④ 짧은 시간에 최대한 많은 곳을 둘러볼 수 있는 일정이 바람직하다.

19 여행일정표에 대한 설명으로 올바르지 <u>않은</u> 것은?

① 여행상품 계약내용에 대한 확인서이며 증명서이다.
② 각 여행사는 관광협회에서 제공하는 표준일정표를 사용해야 한다.
③ 여행에 대한 기대 및 여행의 가치와 의미부여가 가능하다.
④ 여행상품 구매 시 가격과 함께 제일먼저 비교하는 대상이다.

 Answer 15. ② 16. ④ 17. ④ 18. ④ 19. ②

20 여행상품 구성요소로 올바르지 <u>못한</u> 것은?

① 숙박시설   ② 관광지

③ 안내원   ④ 환율

21 다음 중 일정표 구성요소에 해당하지 <u>않는</u> 것은?

① 관광지   ② 교통편

③ 여행인원   ④ 숙박시설

22 다음의 기타비용 중 원가계산에 일반적으로 포함되지 <u>않는</u> 비용은?

① 여행자 보험   ② 국외여행인솔자 운임

③ 비자발급비용   ④ 공항세

23 다음 중 대안 일정에 대한 설명으로 올바르지 <u>않은</u> 것은?

① 기본일정을 수행할 수 없을 경우를 대비해 준비한다.

② 항공기 결항, 기상조건 등 여행사 과실이 아니라면 굳이 대안 일정을 마련하지 않아도 된다.

③ 대안일정으로 진행할 경우에는 사전에 여행객의 동의를 얻어야 한다.

④ 대체로 기본일정과 동등하거나 조금 업그레이드된 일정이어야 여행객의 불만이 없다.

24 다음 중 선택관광에 대한 설명으로 올바르지 <u>않은</u> 것은?

① 일반적으로 기본 여행일정에는 포함되어 있지 않다.

② 현지에서의 여가시간에 할 수 있다.

③ 여행객이 현지에서 별도의 비용을 지불해야 한다.

④ 사전에 고객의 요청이 있는 경우에만 선택관광 정보를 제공해야 한다.

Answer   20. ④   21. ③   22. ③   23. ②   24. ④

25 여행상품 계약내용에 대한 확인서이며 증명서로 사용되는 것을 <u>의미하는</u> 것은?

① E-ticket
② 여행자보험
③ 여행일정표
④ Rooming List

26 여행상품의 가격결정에 영향을 미치는 요소가 <u>아닌</u> 것은?

① 여행인원
② 여행객의 연령
③ 여행시기
④ 여행객의 성별

27 여행상품 가격결정에 영향을 미치는 요인으로 보기 <u>어려운</u> 것은?

① 쇼핑센터의 시설
② 항공좌석의 등급
③ 숙박시설의 등급
④ 전문인력의 동행

28 다음 중 여행상품의 가격에 대한 설명으로 옳지 <u>않은</u> 것은?

① 여행기간이 길수록 여행상품의 가격이 높아진다.
② 여행거리가 멀어질수록 여행상품의 가격이 높아진다.
③ 우리나라 휴가철에는 해외여행상품의 가격이 낮아진다.
④ 유료관광지의 방문횟수가 적을수록 여행상품의 가격이 낮아진다.

29 현재 우리나라에서 항공운임을 산출할 때 유가변동과 환율에 따라 추가로 부과하는 요금을 무엇이라 하는가?

① 공항 이용료
② 전쟁보험료
③ 유류 할증료
④ 관광출국세

An swer   25. ③   26. ④   27. ①   28. ③   29. ③

30 여행사에서 여행정보를 고객에게 전달하는 방법 중 쌍방향 정보를 교류할 수 있는 장소로서 잠재고객을 직접 대면하여 보다 많은 정보를 제공할 수 있는 것은?

① DM   ② 대중매체
③ FAX   ④ 전시판매

Chapter **04**

상품 설명

상품 설명

여행상품상담사 자격증 예상문제집

1. 상품 설명 방법 선택하기

1) 여행상품의 대상, 특성, 판매추세의 이해

● 주문여행상품 설명 고려 사항

① 수요에 대한 분석을 통하여 목표 고객의 욕구를 파악한다.
② 경쟁 업자의 상품을 분석하여 장점을 설명한다.
③ 여행상품 구성 요소들의 공급이 확보되어야 한다.
④ 여행의 안전이 확보되어야 한다.
⑤ 성수기와 비수기를 고려하여야 한다.

○ 여행상품의 대상, 특성, 판매 추세와 설명 방법

구분	특성/종류			효과적인 설명 방법
여행상품 설명 방법	여행상품 대상	기업	특수 조건(기업 목적)	PPT 방문 온라인 설명회
		법인	단체, 대량, 시리즈	
		단체	인적 판매, 주문형	카운터 설명회 방문 온라인
		개인	주문형, 모집형	
	여행상품 특성	계절 가격 언어 내용 연령 취미 자연 활동	허니문 여행상품 메가 스포츠 이벤트 (올림픽, 월드컵) 골프 여행상품 전시 박람회 여행상품 크루즈 여행상품 축제 여행상품 의료 여행상품	홍보 이벤트 판촉 이벤트 경품 이벤트 신여행상품 설명회 여행업 박람회 여행상품 전시 박람회
	여행상품 판매 추세	온라인 설명회 인쇄물	온라인 SNS 브로슈어 팸플릿 포스터 전단지	홈페이지 메일 블로그 페이스북 트위터 카페 카카오톡

2) 상품 설명 방법의 종류와 선택

● 설명 방법의 종류와 효과적인 활용 방법

○ 효과적인 상담 방법과 도구

종류 구분	준비 사항	활용 방법	도구
카운터	훈련된 상담원 상담 매뉴얼 고객 관리 메뉴얼	단골 고객의 확보 우연한 여행 고객 방문 고객	브로슈어, 팸플릿, 각종 인쇄 정보
설명회, 전시회, 박람회	효과적인 장소 설명 보완 자료 준비	기업, 단체 특수한 여행자	PPT, 빔 프로젝트, 비디오, 노트북
전화, 이메일	효과적인 청취법 효과적인 질문법 효과적 언어 사용법	개인 여행자 직장인 등 시간 절약형 상담자	뉴스레터, 전화응대 매뉴얼
홈페이지	디자인 정보의 편리성 정보의 정확성 색감과 링크 사이트	젊은 층 공략 복잡한 설명이 필요한 여행	풍부한 정보, 최신 정보, 부가적인 정보
방문 설명	상담원의 복장과 용모 모바일 보완 자료 준비 (노트북, 포터블 프린터)	특별 맞춤형 여행 (공연 참가, 축제 등) 이벤트성 여행 (크루즈, 허니문 등)	모바일 통신 기기 포터블 프린터 팸플릿
SNS	블로그 카카오톡 페이스북 트위터	신속한 정보 제공 후속 서비스 제공 실시간 문제 해결 지속적인 추후 관리 특수한 여행 제공	간단히 정리된 정보 정확한 정보

2. 상품 설명하기

1) 온라인 매체의 활용

● 온라인 매체의 효과

○ 온라인 매체의 효과

여행자	여행업자
• 풍부한 여행 정보 획득 • 자유로운 의사 결정 • 저렴한 구입 가격 • 시간과 공간의 초월	• 유통 비용의 절감 • 빠른 고객정보 • 효율적인 고객 관리 • 고객으로부터의 의견 수렴 • 새로운 경쟁 기회의 제공 • 효율적인 기업 운영

2) 여행상품 설명회의 활용

(1) 여행상품 설명회의 종류와 활용

① 단체: 일반형 단체, 순수단체, 기관단체
② 개인: 모집형 개인, 주문형 개인

(2) 설명회의 진행 과정과 유의점

① 여행 단체의 성격을 파악한다.
② 여행 단체의 특별한 요청 사항이 있는지 파악한다.
③ 구성원의 개인별 특수 상황을 파악한다.
④ 여행인솔자를 사전에 소개한다.

3) 유인물의 종류와 활용

● 유인물의 종류와 활용

① 신문
② 잡지
③ 인쇄 전단 광고

3. 설명 결과 활용하기

◉ 여행상품의 수정과 개발 과정

모집형 여행상품과 주문형 여행상품의 기획 업무

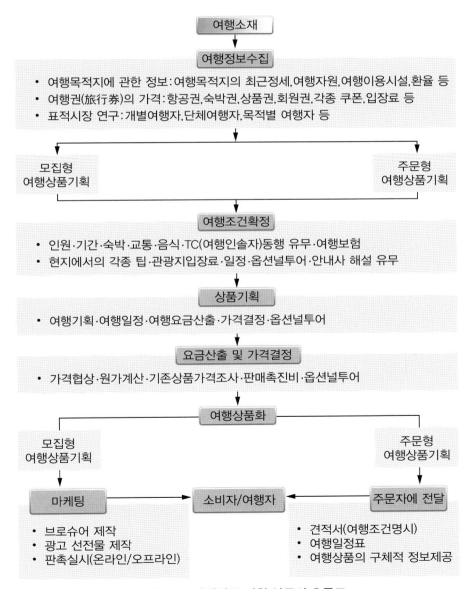

[그림 3-4] 여행상품 기획 업무의 흐름도

Chapter 04 상품 설명 기출문제

01 여행사에서 판매되는 모집여행상품 설명으로 적절하지 않은 것은?

① 사전에 여행지 · 여행일정 · 여행조건 · 여행일자 · 여행요금을 결정한다.

② 여행자를 모집하여 계약을 체결한다.

③ 상품의 설명 방법에는 텔레비전 광고, 신문 광고, 포스터, 팸플릿 등과 같은 비 인적 판매가 있다.

④ 고객의 주문에 의해 상품개발 후 판매하는 여행상품이다.

02 모집여행상품의 상담직원이 필수적으로 갖추어야 할 자격요건 중 가장 거리가 먼 것은?

① 교통편, 숙박 등 여행상품 구성요소에 대한 이해

② 여행지에 대한 구체적 정보

③ 풍부한 여행경험

④ 고객과의 커뮤니케이션 능력

03 모집여행상품의 동의어가 아닌 것은?

① 개성 여행상품

② 패키지여행상품

③ 브랜드형 여행상품

④ 기획여행상품

 Answer   1. ④   2. ③   3. ①

04 주문여행상품에 대한 설명 시 고려 사항으로 틀린 것은?

① 수요에 대한 분석을 통하여 목표고객의 욕구를 파악한다.

② 경쟁업자의 상품을 분석하여 자사 상품의 장점을 설명한다.

③ 여행상품 구성요소들의 공급이 확보되지 않아야 한다.

④ 성수기와 비수기를 고려하여야 한다.

05 여행상품 설명방법으로 ( ) 안에 들어갈 적절한 내용은?

> 인터넷과 개인용 컴퓨터, 각종 모바일 통신수단의 발전은 여행상품 설명방법을 다양화하고 효과적인 방법을 선택할 수 있는 기회를 확대하고 있다.
> 이러한 설명 방법으로는 카운터에서의 설명, 설명회를 통한 설명, 여행사나 기업이나 단체를 방문하여 설명회를 실시하는 경우도 있다. 또 최근의 인터넷과 모바일 통신 기술의 발전으로 인하여 (㉠) 설명이나 (㉡)를 통한 설명 방법으로 확대되고 있다.

① ㉠ 온라인, ㉡ SNS   ② ㉠ 포스터, ㉡ 메일

③ ㉠ 방문, ㉡ 브로슈어   ④ ㉠ 온라인, ㉡ 방문

06 여행상품 설명방법 중 카운터 설명방법에서 효과적인 방법이 아닌 것은?

① 고객과의 친밀한 시각 각도를 유지한다.

② 비언어적 반응을 보이지 않는다.

③ 편견이 없도록 마음을 열고 듣는다.

④ 고객의 요구 사항을 기록한 것을 재확인한다.

★TIP   ② 비언어적 반응 – 미소, 얼굴표정, 가벼운 제스처 등

 Answer   4. ③   5. ①   6. ②

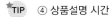

07 전화는 여행상품 설명을 수행하는 방법 중에서 가장 널리 쓰이는 방법 중의 하나이다. 전화응대 평가항목이 <u>아닌</u> 것은?

① 언어표현 ② 경청태도
③ 응대태도 ④ 대기시간

★TIP ④ 상품설명 시간

08 온라인매체의 종류와 활용에서 여행자의 온라인매체 효과가 <u>아닌</u> 것은?

① 풍부한 여행정보 획득
② 자유로운 의사결정
③ 편집과 대량전달 불가능
④ 시간과 공간의 초월

09 전화응대 평가 중에서 고객 문의에 대한 적극적인 안내평가 항목으로 적절하지 <u>않은</u> 것은?

① 문의사항에 대해 충분한 안내 및 부가적인 사항에 대해 적극적인 안내를 하는지 평가한다.
② 부가적인 사항에 대한 안내는 없지만, 문의 사항에 대해서 자세히 안내를 하는지 평가한다.
③ 고객 문의사항에 대해 몇 분 동안 통화하는지 평가한다.
④ 답변을 피하거나 성의가 있는지 평가한다.

10 온라인 매체의 종류와 활용에서 여행업자의 온라인 매체의 효과가 <u>아닌</u> 것은?

① 유통비용의 절감 ② 효율적인 고객관리
③ 고가의 상품가격 구입 ④ 새로운 경쟁기회의 제공

11 여행상품설명에서 온라인 매체의 문제점으로 <u>맞는</u> 것은?

① 느린 속도는 여행자로 하여금 온라인 마케팅을 이용하려는 동기를 저하시키는 요인으로 작용하지 않는다.

② 제한된 상품의 소개에서 야기되는 문제는 현장에서 상품을 직접 상담하면서 구매하려는 고객에게는 다양한 상품에 접근할 수 있는 기회를 얻지 못하는 문제를 제기하고 있다.

③ 신뢰성의 문제에서는 여행자가 원하는 상품이나 서비스를 직접 확인하지 않고도 구매할 수 있을 정도의 신뢰성과 신용을 확보하는 문제는 상관이 없다.

④ 인터넷을 통한 지불 방식의 안전성과 개인 신상정보의 보안성이 해결되어야 하는 문제를 해결하기 위한 전자 상거래상의 보안성은 확보되지 않아도 된다.

12 여행 설명회를 진행하기 위해서는 여행 일정표에 기재된 사항분만 아니라 현지에서의 여행 안전에 관한 유의 사항 등을 빠짐없이 준비하여 여행자의 모든 궁금증을 사전에 충분히 설명하여야 한다. 설명회의 진행 과정과 유의점이 <u>아닌</u> 것은?

① 여행 단체의 성격을 파악한다.

② 여행 단체의 특별한 요청 사항이 있는지 파악한다.

③ 구성원의 개인별 특수 상황을 파악한다.

④ 여행 인솔자를 출발 직전에 소개한다.

13 기획여행상품에 대한 설명이다. 다음에 들어갈 말은?

> 기획여행이란 여행사가 여행을 하고자 하는 사람을 위하여 여행의 (㉠), 일정, 여행자가 제공받을 (㉡) 또는 (㉢) 등의 이용 서비스 내용과 요금 등에 관한 사항을 미리 정하고, 이에 참가하는 여행자를 모집하여 행사하는 여행상품을 의미한다.

① ㉠ 아이디어, ㉡ 교통, ㉢ 숙박　　　② ㉠ 프로그램, ㉡ 교통, ㉢ 숙박

③ ㉠ 목적지, ㉡ 교통, ㉢ 숙박　　　④ ㉠ 목적지, ㉡ 교통, ㉢ 아이디어

 11. ② 12. ④ 13. ③

14 다음의 ( ) 안에 들어갈 사항으로 <u>맞는</u> 것은?

> 여행상품 설명을 위한 유인물에는 (　　), (　　), (　　) 및 브로슈어 등이 있다.

① 신문, 잡지, 여행상품 카탈로그
② 라디오, 잡지, 여행상품 카탈로그
③ 신문, SNS, 여행상품 카탈로그
④ 이메일, 잡지, 여행상품 카탈로그

TIP 신문, 명함, 여행상품 카탈로그, 사진, 잡지

15 여행상품 개발과정에서 기본 계획단계가 <u>아닌</u> 것은?

① 시장조사　　　　② 정보수집　　　　③ 상품의 설계　　　　④ 정산

16 여행상품 기획의 중요성이 <u>아닌</u> 것은?

① 삶의 가치 향상 및 다변화된 욕구 변화, 여행객들의 생활수준 향상, 인터넷을 통한 새로운 유통채널 변화, 항공권 전자 발권 및 발권 수수료 정책의 변화, 여행업 규제 완화 등 여행시장 변화에 유연하게 대응할 수 있기 때문에 기획이 중요하다.
② 여행사들의 증가로 인한 경쟁 심화와 국내외 경제 상황 등 내·외부적으로 변화되는 환경 요인으로 업체 간 판매 가격의 덤핑, 광고비 및 경비의 과다지출 등 치열한 경쟁 상황에서 새로운 아이템 발굴과 정보를 제공하는 여행상품의 기획은 경영 관리에 매우 필수적인 요소이다.
③ 장기적인 수익 확보를 위하여 여행사가 가지는 차별화된 여행상품의 기획과 지속적인 판매전략은 기업의 목표 이익을 극대화하고 성장을 유지시켜 나가는 데 필수적인 매우 중요한 요인이다.
④ 개별 여행객, SIT에 대한 관심이 매우 높아짐에 따라 에어텔·교통·숙박만을 현지에서 요구하는 경우가 늘어나고 있으므로 다각적인 판매를 할 수 있는 여행상품의 기획은 필요하지 않다.

 **Answer** 14. ① 15. ④ 16. ④

17 여행상품 기획 업무의 흐름도가 <u>맞는</u> 것은?

① 여행조건확정 → 여행소재 → 여행정보수집 → 상품기획 → 요금산출 및 가격결정
→ 여행상품화 → 마케팅/주문자 전달 → 소비자/여행자

② 여행조건확정 → 여행소재 → 여행정보수집 → 상품기획 → 요금산출 및 가격결정
→ 여행상품화 → 마케팅/주문자 전달 → 소비자/여행자

③ 여행소재 → 여행정보수집 → 여행조건확정 → 상품기획 → 요금산출 및 가격결정
→ 여행상품화 → 마케팅/주문자 전달 → 소비자/여행자

④ 여행상품화 → 여행정보수집 → 여행조건확정 → 상품기획 → 요금산출 및 가격결정
→ 여행소재 → 마케팅/주문자 전달 → 소비자/여행자

18 여행 신상품 개발 과정으로 <u>옳은</u> 것은?

① 아이디어 평가 → 아이디어 창출 → 사업성, 시장성 분석 → 시장실험 → 상업화

② 아이디어 창출 → 아이디어 평가 → 사업성, 시장성 분석 → 시장실험 → 상업화

③ 아이디어 창출 → 아이디어 평가 → 시장실험 → 사업성, 시장성 분석 → 상업화

④ 아이디어 평가 → 아이디어 창출 → 사업성, 시장성 분석 → 시장실험 → 상업화

19 다음 사항의 내용이 맞지 <u>않는</u> 것은?

① 아이디어 창출 – 아이디어의 원천은 여행객, 사내직원, 경쟁사들의 여행상품이 될
수 있음

② 아이디어 평가 – 여행사 경영전반의 관리적 목적과 경제성에 입각하여 아이디어 평
가 및 표적고객에게 주는 편익, 경쟁 여행상품과의 차이, 마케팅 경제성, 여행사 이
미지/일관성

③ 사업성 분석 – 실제 상황에서 얼마나 여행객에게 호응을 받을 수 있는지에 대한 평
가 및 매출액의 추정분석(초기판매량 추정, 대체판매량추정, 반복구매량추정)

④ 상업화 – 표적시장을 대표할 수 있다고 판단되는 여행객들에게 실제로 경험하게 하
고 그들의 반응조사 및 여행시장에 내놓기에 앞서 한정된 시장 선정하여 반응과 문
제점 파악

 Answer 17. ③ 18. ② 19. ④

20 여행상품 계약유도를 위한 여행상품 설명 방법이 <u>아닌</u> 것은?

① 유일한 것을 강조하여 설명하는 것이 좋다.

② 보편성보다는 정확한 사실을 표현하는 것이 좋다.

③ 보도가치가 있는 부분을 설명하는 것이 좋다.

④ 인쇄정보인 사진은 활용하지 않는 것이 좋다.

Answer 20. ④

상담고객 관리

상담고객 관리

1. 부가 상품정보 제공

1) 부가 상품정보

(1) 기획여행상품 일정표의 정보 내용

① 기획여행상품 기본일정표의 포함 내용

- 여행 일정표에는 여행상품의 특성이 잘 나타나도록 여행 지역과 기간이 병기되어 있어야 한다.
- 여행상품의 가격에 포함하고 있는 내역과 불포함 내역을 같이 기재하여야 한다.
- 여행 출발 당일의 공항 내 집결 장소 및 시간이 기재되어 있어야 한다.
- 전제 일정의 일자별 방문 도시, 교통편, 여행지, 호텔명, 식사 조건 등이 기재되어 있다. 즉, 여행 일정표는 여행상품 계약 내용확인서이며 증명서로서의 역할을 한다.

② 기획여행상품 기본일정표의 부가정보

- 선택 관광(option tour)에 대한 안내와 요금
- 여행 일정 중에 방문하는 쇼핑센터와 쇼핑 횟수
- 여러 가지 현지 사정과 천재지변 등으로 여행 일정이 변경될 가능성
- 여행 시 주의 사항, 방문지역의 특성에 따른 사전 주의 사항
- 여행지 및 여행지별 긴급 연락처 등에 대한 부가 정보 등이 기재되어 있다.

일정표의 구성 요소	
• 여행 단체명 및 여행 요금	• 식사 조건
• 여행 출발일 및 여행 기간	• 쇼핑
• 여행 일정	• 선택 관광(option tour)과 팁(tip)
• 교통편	• 포함 내역과 불포함 내역
• 숙박 시설	• 여행 약관
• 여행 지역(구간)	• 현지 연락처와 여행 조건 변동

(2) 부가상품 정보내용

① 여행 특전 사항

여행 특전이란 경쟁사의 상품과 구별하기 위해 판매가 외에 특별 구성한 내용으로 특이성을 강조하여 고객에게 상품의 우수성을 확인시켜 구매를 유도하는 이벤트성 서비스이다.

② 포함 내역과 불포함 사항

여행 일정표에는 반드시 여행상품 포함 내역과 불포함 사항이 표기되어 있어야 추후에 발생할 수 있는 여행객과의 마찰을 줄일 수 있고, 여행 원가 및 선택 관광을 진행하기 쉽다.

③ 예약 시 주의사항과 공항 이용 주의 사항

일반적으로 예약 시 여권 만료일은 반드시 6개월 이상 남아 있어야 방문지 국가의 입국이 가능하다. 따라서 방문 국가의 입국 규정에 대해 정확한 정보를 제공하여야 한다.

④ 현지 연락처와 여행조건 변동 가능성

여행상품은 현지 사정, 천재지변 등 여러 조건에 따라 변화가 생겨 초기 계약 내용이 변화할 수 있다. 따라서 여러 조건으로 여행 일정이 변경될 가능성에 대비하여 여행 일정표에 변경 가능성을 표기 한다.

⑤ 쇼핑 정보

여행 일정 중에 방문하는 쇼핑 장소와 횟수를 사전에 공지함으로써 여행객이 즐거운 쇼핑을 할 수 있도록 협조한다. 무리한 쇼핑과 선택 관광은 피하고, 여행 일정과 적절히 조화롭게 여행 일정을 안배하고 쇼핑 시 유의 사항에 대해 통지한다.

⑥ 선택 관광(optional tour)과 팁(tip)

선택 관광 일정은 계획했던 대로 진행하여야 하고, 이러한 일정의 조건은 현지 가이드와 인솔자 및 여행객 간의 협의를 통해 이루어지게 하고 가능한 처음에 계획했던 일정대로 실시하는 것이 좋다.

○ 소비자 가이드 주요 항목

구분	주요 항목
여행 계획 시 체크 사항	• 안전 정보 • 소비자 피해 상담 사례 • 피해 구제 요청 방법
여행상품 선택 시 체크 사항	• 지출 비용 • 여행상품 세부 정보 • 연합 상품/단독 상품 • 최소 출발 인원 • 여행상품별 이용 후기
여행상품 계약 시 체크 사항	• 여행사 적합 유/무 • 계약 시 여행계약서 요구 • 취소 수수료 발생 시기 및 부과 기준

* 출처: 한국소비자원

2) 상담고객 관리

여행사에서는 고객의 상품 정보를 바탕으로 현지에 대한 최근 자료 및 자세한 정보를 다시 수집하고 타사의 상품을 수집, 정리, 비교한다. 또 고객의 개인 성향에 따라 추가 선택 관광에 대한 정보를 설명하고 자사의 상품 특전을 설명하며 상담을 진행시킨다. 고객 상담을 위한 준비를 위해 상품에 대한 다양한 자료와 정보를 수집할 때 다음과 같은 내용 점검은 필수적이다.

- 필요한 정보와 자료가 무엇인지 명확히 정의한다.
- 찾고자 하는 자료와 정보의 원천을 모두 나열해 본다.
- 고객의 개인 성향에 따른 자료 수집을 위해서는 내부 자료인 데이터베이스 기록부터 확인하여 고객정보에서 개인적 특성과 구매 이력, 과거 여행이나 출장 지역에 대해 정리한다.
- 고객의 상품 정보를 기준으로 자사의 상품과 비교하기 위해 타사의 상품 정보와 자료를 수집한다.
- 수집한 내부 자료와 타사의 자료들을 고객에게 설명하기 좋게 일목요연하게 문서로 작성한다.

2. 네트워크 활용

인터넷을 기반으로 제공되는 여행 정보는 다음과 같은 특성이 있다.
- 시간적 · 공간적인 제한이 없다.
- 기존 매체보다 광고비가 저렴하다.
- 멀티미디어 기술을 이용한 광고와 여행사 홍보, 여행상품 광고와 다양한 정보를 결합한 정보형 광고가 가능하다.
- 쌍방향 커뮤니케이션이 가능하다.
- ID를 이용해 들어오는 고객의 정보를 입수할 수 있어 데이터베이스 마케팅(database marketing)이나 효과적인 다이렉트 마케팅(direct marketing)을 할 수 있는 기초 자료로 사용할 수 있다.

3. 대면 상담

1) 고객관리 매뉴얼의 이해

고객 관계 관리(CRM: customer relationship management)의 궁극적인 목적은 고객을 보다 편리하고 즐겁고 행복하게 함으로써 고객과의 유대 관계를 강화하고, 효과적인 고객 관계 관리(CRM)를 통해서 보다 수익성을 높이려는 것이다.

- 제품판매 보다는 고객 관계에 중점: 고객 관계 관리(CRM)는 고객이 원하는 제품을 만들고, 고객의 입장에서 고객의 요구를 파악하여 고객이 원하는 제품을 공급하는 것이다.
- 고객확보 보다는 고객 유지에 중점: 매스 마케팅(mass marketing)을 통해 검증되지 않은 고객들을 확보하기보다는 한 사람의 우수한 고객을 통해 기업의 수익성을 높이며, 이러한 우수한 고객을 유지하는 것에 중점을 두는 방향으로 바뀌어야 한다.
- 시장 점유율보다는 고객 점유율에 집중: 기존 고객 및 잠재 고객을 대상으로 고객 유지 및 이탈 방지, 타 상품과의 연계 판매 및 수익성이 높은 상품을 판매하기 위한 상향 판매 등 1:1 마케팅 전략을 통해 고객 점유율을 높이는 전략이 요구된다.

2) 효율적인 상담을 위한 기술

(1) 의사소통의 능력

컴퓨터가 새로운 커뮤니케이션 수단으로 각광을 받고 있고, 컴퓨터 매개 커뮤니케이션(CMC: computer mediated communication)은 상호 작용적인 커뮤니케이션을 컴퓨터가 매개하는 중요한 수단이다.

① CMC는 시·공간을 초월하여 동시적·비동시적 커뮤니케이션 형태를 띠고 있다.
② 컴퓨터 화면으로 대화를 해서 고도의 익명성과 상호 작용성을 보장하기 때문에 사회적 거리로 만날 수 없었던 사람들과도 서로 소통할 수 있다.
③ CMC는 물리적 시·공간을 뛰어넘는 가상의 네트워크 커뮤니케이션 관계가 확장되면서 커뮤니케이션의 패러다임을 획기적으로 전환시켜 왔다.

(2) 경청 및 고객 의견수렴 기술

① 상담직원의 자질과 태도

고객과 상담을 진행하는 여행사 직원에게 필요한 것은 조직 적응력과 서비스 마인드, 그리고 긍정적인 사고방식 등의 자질이 요구되고, 적당한 경쟁심과 적극적인 태도, 바른 품성과 안정된 정서가 직무 수행에 도움이 된다.

② 효과적인 경청의 방법

경청이란 고객을 배려하고 이해하려는 마음이 고객에게도 전달되는 것이다. 경청을 위한 기본이 되는 몇 가지 노하우는 다음과 같다.

- 말을 멈출 것 - 말을 하고 있는 동안에는 고객의 말을 들을 수가 없다. 고객이 충분히 말을 할 수 있는 시간을 주고 우선 듣는 자세를 취해야 한다.
- 고객의 감정을 상상해 볼 것 - 고객의 감정을 인정하며 들어야 한다.
- 반응을 보이고 관심을 가져 줄 것 - 고객이 말하는 경험에 대한 관심, 칭찬, 감사, 사과 등의 표현을 통해 고객의 감정에 적극적으로 공감하도록 한다.
- 비언어적 메시지를 사용할 것 - 눈빛이나 몸짓, "아휴.", "아." 등의 감정적인 표현을 한다.
- 인내심을 가질 것 - 고객이 말하는 도중에 끼어들지 않는다. 중간에 끼어들 경우 고객의 요구 사항을 제대로 듣지 못하는 동시에 고객도 불쾌해져 원활한 상담을 할 수가 없다.
- 의미에 귀를 기울일 것 - 고객이 말하는 단어 자체만으로 내용을 섣불리 판단하지 말고, 고객의 비언어적 메시지를 유의하며 들어 내재된 고객이 하는 마음의 소리를 들어야 한다.
- 듣는 동안 긍정적인 말만 할 것 - 긍정적인 말은 고객의 생각과 말에도 영향을 미친다. 좀 더 긍정적으로 연결시킬 수 있도록 한다.
- 이해한 바를 확인시켜 줄 것 - 고객이 말한 내용을 잘 듣고 있다는 표현과 문제 해결을 위한 핵심 내용을 동시에 할 수 있기 때문에 고객의 말을 상담한 직원의 말로 바꾸어 요약한다.

상담고객 관리 기출문제

01 사이코그래픽스에 의한 여행객의 성격 중 알로센트릭형(allocentric)에 해당하지 <u>않는</u> 것은?

① 사람들이 가보지 않은 지역을 목적지로 선호

② 자연 친화적이고 모험적인 행동 선호

③ 현지 숙박 및 현지 음식을 선호

④ 친근감 있는 여행 목적지 선호

TIP 생활양식(life style) 혹은 사이코그래픽스(psychograpics)는 여행객의 구매 행동에 영향을 주는 중요한 개인 특성으로 문화, 사회계층, 준거 집단, 가족의 환경적 요인 및 개인의 가치 체계와 개인의 심리내적 요인의 영향을 받으며, 각 개인의 내면화된 개성과 사회 가치관의 영향이 포함되어 있다.

02 관광욕구, 동기요인 간의 관계가 올바르지 <u>않은</u> 것은?

① 안전의 욕구 – 건강유지　　　　② 생리적 욕구 – 휴식

③ 명예욕구 – 사회적 인정　　　　④ 사회적 욕구 – 자기위치 과시

TIP ④ 사회적 욕구 – 가족동반, 가족관계 향상, 우정, 친교, 사교촉진, 인간관계 형성, 고향 찾기,친지. 동족 방문. 가족애 표현

03 사람들은 감각기관을 통해서 들어온 자극을 「사실 그대로」해석하는 것이 아니라 자신의 가치, 경험, 욕구 등에 입각하여 「주관적」으로 해석하는 것이다. 이것은 무엇인가?

① 욕구　　　　　② 동기　　　　　③ 지각　　　　　④ 성격

TIP ③ 지각요인: 인간의 지적수준, 성격, 감각작용, 경험 등을 말한다.

Answer　1. ④　2. ④　3. ③

04 기획여행상품 일정표의 구성요소에 해당하지 <u>않는</u> 것은 무엇인가?

① 여행 지역과 기간이 병기되어 있어야 한다.

② 여행상품의 가격에 포함하고 있는 내역은 기재하고 불포함 내역은 기재하지 않아도 된다.

③ 여행 출발 당일의 공항 내 집결 장소 및 시간이 기재되어 있어야 한다.

④ 전체 일정의 일자별 방문 도시, 교통편, 여행지, 호텔명, 식사 조건 등이 기재되어 있어야 한다.

★TIP ② 여행상품의 가격에 포함하고 있는 내역과 불포함 내역을 같이 기재하여야 한다.

05 다음 괄호 안에 들어갈 적합한 것은 무엇인가?

일반적으로 예약 시 여권 만료일은 반드시 (　　　　) 남아 있어야 방문지 국가의 입국이 가능하다. 따라서 방문 국가의 입국 규정에 대해 정확한 정보를 제공하여야 한다.

① 3개월 이상　　　　　　　　② 6개월 이상

③ 9개월 이상　　　　　　　　④ 1년 이상

06 다음 괄호 안에 들어갈 적합한 것은 무엇인가?

국토교통부의 항공 보안 통제 지침에 따라 한국을 출발하는 모든 국제선 항공편과 통과편을 이용하는 승객들은 용기 1개당(　　　　)를 초과하는 액체, 젤류 및 에어로졸류 물질을 항공기 탑승할 때 휴대하지 못한다는 것을 공지한다.

① 100mL　　　　　　　　② 120mL

③ 150mL　　　　　　　　④ 180mL

★TIP 액체류(액체, 젤, 스프레이 등)개당 100ml한도로 최대 1L, 가로세로 20 cm의 투명한 봉투에 넣어야 기내 반입이 가능하다. 탁송 수화물에는 제한이 없다.

Answer 4. ② 5. ② 6. ①

07 매슬로우는 인간의 욕구를 5단계로 구분하였다. 낮은 단계부터 높은 단계로까지 올바르게 배열된 것은 무엇인가?

ⓐ 사회적 욕구 ⓑ 생리적 욕구 ⓒ 명예욕구 ⓓ 안전의 욕구 ⓔ 자아실현욕구

① ⓓ-ⓑ-ⓒ-ⓐ-ⓔ
② ⓓ-ⓑ-ⓒ-ⓔ-ⓐ
③ ⓑ-ⓓ-ⓐ-ⓒ-ⓔ
④ ⓑ-ⓐ-ⓓ-ⓒ-ⓔ

TIP 생리적 욕구(기분, 휴식, 성), 안전의 욕구(안전, 안정), 소속과 사랑의 사회적 욕구(사랑, 친근감), 명예욕구(자존심, 지위인정), 자아실현욕구(자기성취, 자아완성)의 5단계로 구분

08 여행소비자 가이드 주요 항목 중 여행계획 시 체크사항으로 <u>부적합한</u> 것은?

① 여행국가 안전 정보
② 연합 상품/단독 상품
③ 소비자 피해 상담 사례
④ 피해 구제 요청 방법

TIP ② 연합 상품/단독 상품항목은 여행상품 선택 시 체크사항

09 여행소비자 가이드 주요 항목 중 여행상품 선택 시 체크사항으로 <u>부적합한</u> 것은?

① 여행상품 세부 정보
② 연합 상품/단독 상품
③ 최소 출발 인원
④ 취소 수수료 발생 시기 및 부과 기준

TIP ④ 취소 수수료 발생 시기 및 부과 기준항목은 여행상품 계약 시 체크사항

 Answer 7. ③ 8. ② 9. ④

10 여행소비자 가이드 주요 항목 중 여행상품 계약 시 체크 사항으로 <u>부적합한</u> 것은?

① 여행사 적합 유/무

② 계약 시 여행계약서 요구

③ 여행국가 안전 정보

④ 취소 수수료 발생 시기 및 부과 기준

TIP ③ 여행국가 안전 정보항목은 여행계획 시 체크사항

11 기획여행상품 기본일정표의 부가정보 내용으로 <u>부적합한</u> 것은 ?

① 쇼핑센터와 방문횟수

② 현지 사정 등으로 여행 일정이 변경될 가능성

③ 관광지 정보

④ 여행 시 주의 사항

TIP 부가정보

① 선택 관광과 팁 ② 여행특전 사항 ③ 포함내역과 불포함 내역 ④ 예약 시 주의 사항과 공항 이용 주의 사항 ⑤ 현지 연락처와 여행 조건 변동 가능성 ⑥ 쇼핑 정보 ⑦ 국외 여행 표준 약관

12 다음은 여행상품에 대한 소비자 중요 정보 체크리스트 항목으로 <u>부적합한</u> 것은?

① 소비자 피해 상담 사례

② 안전 정보

③ 여행사 적합 유/무

④ 인솔자 정보

TIP 정보체크리스트

① 안전정보 ② 소비자피해상담 ③ 지출비용 ④ 여행상품 세부정보 ⑤ 연합/단독 상품 ⑥ 최소출발인원 ⑦ 여행사 적합 유/무 ⑧ 여행계약서 요구 ⑨ 취소 수수료

Answer 10. ③ 11. ③ 12. ④

13 태국의 여행자 통관정보 중 여행자 휴대품 면세한도에 관한 설명 중 <u>틀린</u> 것은?

① 일반 휴대품 면세 한도는 10,000바트 이하

② 외화반입 신고기준은 미화 2만 달러 또는 5만바트

③ 담배는 200개피

④ 술은 2L

> **TIP** 태국 휴대품면세한도
> ① 휴대품: 1만바트 ② 외화반입: 5만바트 혹은 미화 2만 달러 ③ 담배: 200개피
> ④ 술: 1L ⑤ 향수: 기준 없음

14 중국의 여행자 통관정보 중 여행자 휴대품 면세한도에 관한 설명 중 <u>틀린</u> 것은?

① 일반 휴대품 면세 한도는 2,000위안 미만

② 외화반입 신고기준은 미화 5천 달러 또는 2만위안

③ 담배는 200개피

④ 술은 12도 이상 1.5L 이하

> **TIP** 중국 휴대품면세한도
> ① 휴대품: 2,000위안 미만 ② 외화반입: 2만위안, 혹은 미화 5천 달러 ③ 담배: 400개피
> ④ 술: 12도 이상 1.5L ⑤ 향수: 기준 없음

15 일본의 여행자 통관정보 중 여행자 휴대품 면세한도에 관한 설명 중 <u>틀린</u> 것은?

① 일반 휴대품 면세 한도는 10만엔 이하

② 외화반입 신고기준은 100만엔

③ 담배는 200개피

④ 술은 3병(병당 760ml)

> **TIP** 일본 휴대품면세한도
> ① 휴대품: 2십만엔 ② 외화반입:100만엔 ③ 담배: 200개피 ④ 술: 3병(병당 760ml)
> ⑤ 향수: 2oz

 **Answer** 13. ④ 14. ③ 15. ①

16 필리핀의 여행자 통관정보 중 여행자 휴대품 면세한도에 관한 설명 중 <u>틀린</u> 것은?

① 일반 휴대품 면세 한도는 없음

② 외화반입 신고기준은1만 PHP

③ 담배는 400개피

④ 술은 1병^(1L) 이하

★TIP 필리핀 휴대품면세한도
① 휴대품: 없음 ② 외화반입: 1만 PHP ③ 담배: 400개피 ④ 술: 2병(1L) 이하
⑤ 향수: 개인사용량

17 홍콩의 여행자 통관정보 중 여행자 휴대품 면세한도에 관한 설명 중 <u>틀린</u> 것은?

① 일반 휴대품 면세 한도는 없음

② 외화반입 신고기준은 신고의무 없음

③ 담배는 200개피

④ 술은 1L^(20도 이하 와인, 맥주 등 면세)

★TIP 홍콩 휴대품면세한도
① 휴대품: 한도 없음 ② 외화반입: 신고의무 없음 ③ 담배: 60개피
④ 술: 1L(20도이하) ⑤ 향수: 기준 없음

18 베트남의 여행자 통관정보 중 여행자 휴대품 면세한도에 관한 설명 중 <u>틀린</u> 것은?

① 일반 휴대품 면세 한도는 500만VND

② 외화반입 신고기준은 미화 5천 달러

③ 담배는 400개피

④ 술은 22도 이상 1.5L+22도이하 2L+맥주 3L

★TIP 배트남휴대품면세한도
① 휴대품: 500만VND ② 외화반입: 미화 7천 달러 ③ 담배: 400개피
④ 술: 22도 이상 1.5 L+22도이하 2L+맥주 3L ⑤ 향수: 기준 없음

Answer 16. ④ 17. ③ 18. ②

19 대만의 여행자 통관정보 중 여행자 휴대품 면세한도에 관한 설명 중 틀린 것은?

① 일반 휴대품 면세 한도는 2만NTD 이하

② 외화반입 신고기준은 10만NTD, 중국 인민폐(RMB) 2만위안 초과

③ 담배는 400개피

④ 술은 1L 이하 1병

> **TIP** 대만 휴대품면세한도
> ① 휴대: 2만NTD ② 외화반입: 10만NTD, 중국 인민폐(RMB)2만위안 ③ 담배: 200개피
> ④ 술: 1L⑤ 향수: 기준없음

20 싱가포르의 여행자 통관정보 중 여행자 휴대품 면세한도에 관한 설명 중 틀린 것은?

① 일반 휴대품 면세 한도는 S$500 이하

② 외화반입 신고기준은 S$30,000

③ 담배는 200개피

④ 술은 양주 1리터, 포도주 1리터, 맥주 1리터

> **TIP** 싱가폴 휴대품면세한도
> ① 휴대: S$600 ② 외화반입: S$30,000 ③ 담배: 면세 대상에서 제외 ④ 술: ⑤ 향수: 기준 없음
> • 싱가폴 술 면세허용범위: 아래중 하나에 대해 면세
>   a) 양주 1리터, 포도주 1리터, 맥주 1리터 b) 포도주 2리터, 맥주 1리터 c) 포도주 1리터, 맥주 2리터
> ※ 주의: 관세가 면제되더라도 상품서비스세(GST: Good & Service Tax, 7%)는 신고 납부하여야 함

21 미국의 여행자 통관정보 중 여행자 휴대품 면세한도에 관한 설명 중 틀린 것은?

① 일반 휴대품 면세 한도는 100달러 이하

② 외화반입 신고기준은 미화 1만 달러 이상

③ 담배는 200개피

④ 술은 700ml 이하(21세 이상)

> **TIP** 미국 휴대품면세한도
> ① 휴대: 100달러 ② 외화반입: 1만달러 ③ 담배: 200개피 ④ 술: 1L ⑤ 향수: 150ml

 **Answer** 19. ③ 20. ① 21. ④

22 영국의 여행자 통관정보 중 여행자 휴대품 면세한도에 관한 설명 중 <u>틀린</u> 것은?

① 일반 휴대품 면세 한도는 145파운드 이하

② 외화반입 신고기준은 2만 유로

③ 담배는 200개피

④ 술은 포도주 2L+증류주 1L

★TIP 영국 휴대품면세한도

① 휴대품: 145파운드 ② 외화반입: 1만유로, 혹은 미화 2만 달러 ③ 담배: 200개피

④ 술:포도주 2L+증류주 1L ⑤ 향수: 60ml

23 프랑스의 여행자 통관정보 중 여행자 휴대품 면세한도에 관한 설명 중 <u>틀린</u> 것은?

① 일반 휴대품 면세 한도는 430유로

② 외화반입 신고기준은 1만 유로

③ 담배는 400개피

④ 술은 포도주 4L+맥주 16L

★TIP 프랑스 휴대품면세한도

① 휴대품: 430유로 ② 외화반입: 1만유로 ③ 담배: 200개피 ④ 술: 포도주 4L+맥주 16L

⑤ 향수: 기준 없음

24 이탈리아의 여행자 통관정보 중 여행자 휴대품 면세한도에 관한 설명 중 <u>틀린</u> 것은?

① 일반 휴대품 면세 한도는 430유로

② 외화반입 신고기준은 1만 유로

③ 담배는 200개피

④ 술은 포도주 4L+맥주 16L

★TIP 이탈리아 휴대품면세한도

① 휴대품: 430유로 ② 외화반입: 1만2,500유로 ③ 담배: 200개피 ④ 술: 포도주 4L+맥주 16L

⑤ 향수: 제한 없음

 **Answer** 22. ② 23. ③ 24. ②

25 독일의 여행자 통관정보 중 여행자 휴대품 면세한도에 관한 설명 중 <u>틀린</u> 것은?

① 일반 휴대품 면세 한도는 430유로 　　② 외화반입 신고기준은 1만 유로

③ 담배는 400개피 　　　　　　　　　 ④ 술은 포도주 4L+맥주 16L

> **TIP** 독일 휴대품면세한도
> ① 휴대: 430유로 ② 외화반입: 1만유로 ③ 담배: 200개피 ④ 술: 포도주 2L+맥주 16L ⑤ 향수: 제한 없음

26 스페인의 여행자 통관정보 중 여행자 휴대품 면세한도에 관한 설명 중 <u>틀린</u> 것은?

① 일반 휴대품 면세 한도는 430유로

② 외화반입 신고기준은 1만 유로

③ 담배는 200개피

④ 술은 22도 이상 1L+22도 이하 2L

> **TIP** 스페인 휴대품면세한도
> ① 휴대품: 300유로 ② 외화반입: 1만유로 ③ 담배: 200개피
> ④ 술: 22도 이상 1L+22도 이하 2L ⑤ 향수: 430유로

27 고객상담을 위한 준비를 위해 상품에 대한 자료와 정보의 수집 내용에 관한 설명 중 <u>틀린</u> 것은?

① 필요한 정보와 자료가 무엇인지 명확히 정의한다.

② 찾고자 하는 자료와 정보의 원천을 모두 나열해 본다.

③ 수집한 내부 자료와 타사의 자료들을 고객에게 설명하기 좋게 일목요연하게 문서로 작성한다.

④ 고객의 상품 정보를 기준으로 타사에 비하여 자사의 상품이 비교 우위에 있는 상품 정보만 자료를 수집한다.

> **TIP** ④ 고객의 상품 정보를 기준으로 자사의 상품과 비교하기 위해 타사의 상품 정보와 자료를 수집한다. 타사의 상품 정보와 자료는 검색 가능한 모든 원천을 이용해 다양하게 조사한다.

28 코헨의 여행객 유형 중 탐험형 여행객의 특성에 관한 설명 중 <u>틀린</u> 것은?

① 개인적으로 여행의 전반을 준비한다.

② 일상화되고 평범한 생활이 아닌 새로운 방식의 경험과 생활을 추구한다.

③ 방문지 주민과의 교류 및 언어 습득에 노력을 기울인다.

④ 가능한 한 편리한 교통과 숙박 시설을 추구한다.

★TIP 탐험형 여행객의 특성: 일상화되고 평범한 생활이 아닌 새로운 방식의 경험과 생활을 추구한다.

29 다음 괄호 안에 들어갈 내용은 무엇인가?

( )란 주어진 사물에 대하여 한결같이 호의적으로 혹은 비호의적으로 반응하려는 비교적 안정되고 지속적으로 개인이 가지고 있는 학습된 경향과 선입관으로 정의할 수 있다. 다시 말하면 ()란 학습되어진 것으로 어떠한 방법으로 개인이 행동하려는 성향이나 경향을 말한다.

① 지각 ② 학습 ③ 태도 ④ 욕구

★TIP 여행객의 태도란 여행상품과 여행 서비스에 대한 여행객의 심리적 상태를 반영하는 중요한 개념이다.

30 심리학자들은 태도를 세 가지 요소로 구성되어 있다고 보았다. 구성요소에 해당하지 <u>않는</u> 것은?

① 욕구 요소(desire component)

② 지식 요소(knowledge component)

③ 감정 요소(feeling component)

④ 선입관 요소(prediposition component)

★TIP 태도의 세 가지 요소
첫째는 지식 요소, 둘째는 감정 요소, 셋째는 선입관 요소

Answer 28. ④ 29. ③ 30. ①

31 다음 〈보기〉의 내용은 무엇에 관한 설명인가?

〈보기〉
태도의 요소 중에서 어떤 상황이나 사람에 대해 호의적으로 또는 비호의적으로 반응하는 경향을 말한다.

① 욕구 요소(desire component)
② 지식 요소(knowledge component)
③ 감정 요소(feeling component)
④ 선입관 요소(prediposition component)

TIP 여행객의 태도란 여행상품과 여행 서비스에 대한 여행객의 심리적 상태를 반영하는 중요한 개념이다.

32 인터넷을 기반으로 제공되는 여행 정보의 특성으로 옳지 않은 것은?

① 시간적 · 공간적인 제한이 없다.
② 쌍방향 커뮤니케이션이 가능하다.
③ 기존 매체보다 광고비가 많이 든다.
④ 멀티미디어 기술을 이용한 광고와 여행사 홍보, 여행상품 광고와 다양한 정보를 결합한 정보형 광고가 가능하다.

TIP ③ 기존 매체보다 광고비가 저렴하다.

33 인터넷을 기반으로 제공되는 여행 정보의 특성으로 옳은 것은?

① 고객의 정보를 입수할 수 있어 데이터베이스 마케팅(data base marketing)이 가능하다.
② 효과적인 다이렉트 마케팅(direct marketing)을 할 수는 없다.
③ 시간적 · 공간적인 제한이 있다.
④ 여행상품 광고와 다양한 정보를 결합한 정보형 광고는 불가능하다.

TIP ① ID를 이용해 들어오는 고객의 정보를 입수할 수 있어 데이터베이스 마케팅이나 효과적인 다이렉트 마케팅을 할 수 있는 기초 자료로 사용할 수 있다.

 Answer 31. ④ 32. ③ 33. ①

34 다음 괄호 안에 들어갈 내용은 무엇인가?

> (   )는 항공사에서 개발한 CRS(computerized reservation system)가 광역화
> 되어 여행사에서 가장 보편적으로 이용하는 예약 시스템이다. 항공권 예약, 숙박
> 시설 예약 및 기타 여행 관련 시설의 예약 업무를 지원한다.

① GDS   ② CRS   ③ DCS   ④ HIS

TIP GDS(golbal distribution system)로 여행사에서 가장 보편적으로 이용하는 예약 시스템이다. 항공권 예약, 숙박
시설 예약 및 기타 여행 관련 시설의 예약 업무를 지원한다.

35 인터넷 기반 여행전자 상거래 시스템에 대한 설명으로 옳지 않은 것은?

① 소비자 – 소비자 거래(G2C)   ② 기업 – 기업 거래(B2B)

③ 기업 – 소비자 거래(B2C)   ④ 정부 – 기업 거래(G2B)

TIP ② 기업 – 기업 거래(B2B), ③ 기업 – 소비자 거래(B2C), ④ 정부 – 기업 거래(G2B)

36 다음은 여행관련 산업과 전자 상거래의 관계에 관한 설명이다. 옳지 않은 것은?

① 예약시스템을 통해 여행 정보와 여행상품 구매, 호텔 및 항공 정보 등의 확인이 가
능하다.

② 고객은 전문 예약 시스템을 통해 여행 정보만 제공받는다.

③ 은행과 신용 카드사는 고객에게 비용 청구 관련 정보를 제공하고, 해당 여행 사업체
에 고객의 구매 비용에 대해 정산을 한다.

④ 여행관련 사업체는 여행상품을 구매한 고객의 결제 및 신용 거래 내역을 금융 부분
에 보낸다.

TIP ② 고객은 전문 예약 시스템을 통해 여행 정보를 제공받고 여행상품 구매 후 비용을 지불한다.

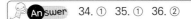

Answer   34. ①   35. ①   36. ②

37 다음은 고객 관계 관리(CRM) 중 무엇에 관한 설명인가?

〈보기〉

- 가격에 가장 큰 관심을 보임.
- 로열티는 존재하지 않음.
- 조금이라도 자신의 예상보다 가격이 높으면 가차 없이 돌아섬.
- 구매하기 전에 오랫동안 인터넷을 통해 시장 조사를 함.
- 최저가로 거래하는 것을 긍지로 여김.

① 관계적 구매자(relationship buyer)   ② 지적 구매자(knowledge buyer)

③ 감정적 구매자(feeling buyer)   ④ 거래적 구매자(transaction buyer)

TIP 고객 중 기업에게 수익을 가져다주는 고객은 전체의 일부에 지나지 않으며, 이러한 고객은 지속적으로 투자해야 할 대상이다. 이들 고객을 유지하는 활동을 하는 것이 신규 고객을 획득하기 위해 투자하는 것보다 훨씬 적은 비용이 든다.

38 고객 관계 관리(CRM)의 필요성으로 옳지 <u>않은</u> 것은?

① 전사적인 마케팅 실현
② 새로운 신규고객 창출을 통한 매출 향상
③ 기존 고객 유지를 통해 지속적인 매출 향상
④ 고객 창구의 다변화 및 고객 관계 관리 실현 장치 구축

39 고객 관계 관리(CRM)의 특징으로 옳지 <u>않은</u> 것은?

① 제품 판매보다는 고객 관계에 중점
② 새로운 신규고객 창출에 중점
③ 고객 확보보다는 고객 유지에 중점
④ 시장 점유율보다는 고객 점유율에 집중

TIP 고객 관계 관리의 궁극적인 목적은 고객을 보다 편리하고 즐겁고 행복하게 함으로써 고객과의 유대 관계를 강화하고, 효과적인 고객 관계 관리(CRM)를 통해서 보다 수익성을 높이려는 것이다.

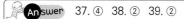 **Answer** 37. ④ 38. ② 39. ②

40 고객 관계 관리(CRM)의 유형으로 옳지 <u>않은</u> 것은?

① 데이터베이스 기반의 고객 관계 관리

② 분석 기반의 고객 관계 관리

③ 고객 접점 고객 관계 관리

④ 매스 마케팅(mass marketing) 관계관리

★TIP ④ 전략 기반의 고객 관계 관리: 고객 관계 관리의 목적을 분명히 하고, 그 목적 달성을 위한 실행 프로그램과 정보기술 시스템의 요건을 결정하는 순서로 진행된다.

41 효율적인 상담을 위한 의사소통으로 컴퓨터가 새로운 커뮤니케이션 수단으로 각광을 받고 있다. 컴퓨터 매개 커뮤니케이션(CMC)의 특징으로 옳지 <u>않은</u> 것은?

① 물리적 시·공간을 초월할 수 있다.

② 동시적·비동시적 커뮤니케이션 형태를 띠고 있다.

③ 사회적 거리로 인하여 사람들과도 서로 소통할 수 없다.

④ 익명성과 상호 작용성을 보장하고 있다.

★TIP ③ 사회적 거리로 만날 수 없었던 사람들과도 서로 소통할 수 있다.

42 여행사 상담직원이 갖추어야할 자질과 태도가 <u>아닌</u> 것은?

① 경쟁 지향적 서비스 마인드

② 적극적인 태도

③ 바른 품성과 안정된 정서

④ 조직 적응력과 서비스 마인드

★TIP ① 상담직원의 업무
고객과 상담을 진행하는 직원에게 필요한 것은 바로 자질과 태도이다. 조직 적응력과 서비스 마인드, 그리고 긍정적인 사고방식 등의 자질이 요구되고, 적당한 경쟁심과 적극적인 태도, 바른 품성과 안정된 정서가 직무 수행에 도움이 된다.

Answer 40. ④ 41. ③ 42. ①

43 고객 유형별 상담의 기술 중 불만상황 제기고객에 대한 상담요령으로 바람직하지 <u>않은</u> 것은?

① 고객의 감정을 가라앉힌 후 신속히 처리

② 상담접수 후 사후처리로 해결도 가능

③ 즉시, 상사에게로 연결 처리

④ 처리과정과 결과가 고객 입장에서 만족스러운지 반드시 체크

44 여행사 상담직원의 효과적인 경청방법으로 옳지 <u>않은</u> 것은?

① 고객이 충분히 말을 할 수 있는 시간을 주고 우선 듣는 자세를 취해야 한다.

② 고객의 감정을 인정하며 들어야 한다.

③ 고객이 말하는 경험에 대한 관심, 칭찬, 감사, 사과 등의 표현을 통해 고객의 감정에 적극적으로 공감하도록 한다.

④ 눈빛이나 몸짓, "아휴.", "아." 등의 비언어적 메시지를 사용하는 것은 금해야 한다.

> **TIP** ④ 비언어적 메시지를 사용할 것: 눈빛이나 몸짓 대신 "아휴.", "아." 등의 감정적인 표현을 한다.

45 여행사 상담직원의 경청을 위한 기본이 되는 노하우로 옳지 <u>않은</u> 것은?

① 고객이 말하는 도중에 원활한 상담을 위하여 끼어드는 것이 바람직하다.

② 고객이 말하는 단어 자체만으로 내용을 섣불리 판단하지 말고, 고객의 비언어적 메시지를 유의하며 들어 내재된 고객이 하는 마음의 소리를 들어야 한다.

③ 긍정적인 말은 고객의 생각과 말에도 영향을 미친다. 좀 더 긍정적으로 연결시킬 수 있도록 한다.

④ 고객이 말한 내용을 잘 듣고 있다는 표현과 문제 해결을 위한 핵심 내용을 동시에 할 수 있기 때문에 고객의 말을 상담한 직원의 말로 바꾸어 요약한다.

> **TIP** ① 인내심을 가질 것: 고객이 말하는 도중에 끼어들지 않는다. 중간에 끼어들 경우 고객의 요구사항을 제대로 듣지 못하는 동시에 고객도 불쾌해져 원활한 상담을 할 수가 없다.

Answer 43. ③ 44. ④ 45. ①

46 고객 유형별 상담의 기술 중 까다롭게 질문하는 고객에 대한 상담요령으로 바람직하지 <u>않은</u> 것은?

① 증거를 제시하며 설명　　　　　② 대략적인 상품 설명

③ 최대한 정확한 정보 제공　　　　④ 고객과의 신뢰도 접근

★TIP　② 자사 상품의 장점과 단점을 설명

47 고객 유형별 상담의 기술 중 자세한 요금내역 요청하는 고객에 대한 상담요령으로 바람직하지 <u>않은</u> 것은?

① 상담접수 후 사후처리로 해결도 가능

② 고객의 데이터베이스를 정확히 파악

③ 고객의 의문사항 해결

④ 이메일이나 팩스 등을 활용해 내역서 설명

★TIP　① 상담접수 후 사후처리로 해결도 가능은 불만상황 시 상담요령

48 고객 유형별 상담의 기술 중 좋은 대화 상대가 되는 요령으로 바람직하지 <u>않은</u> 것은?

① 123 법칙을 적용하라

② 대화의 내용에 공감하고 긍정하라

③ 대화의 규칙을 지켜라

④ 가격할인은 최고의 미덕이다

★TIP　④ 겸손은 최고의 미덕이다

Answer　46. ②　47. ①　48. ④

여행요금 상담

Chapter 06

여행요금 상담

1. 여행요금 산출하기

여행요금은 항공운임 등의 교통비와 현지에서 이루어지는 호텔, 식사, 전세버스 등의 이용에 따른 지상비 및 인솔자 경비, 여행자 보험료 등의 기타 비용으로 이루어져 있으며, 여기에 수익을 부가하여 구성된다.

1) 항공운임

항공운임은 여행요금에서 가장 큰 비중을 차지하는 요인으로 항공권의 조건에 따라 다양하게 분류될 수 있으나 일반적으로 정상운임(normal fare), 특별운임(special fare), 할인운임(discount fare)으로 구분된다. 여행상품을 구성 시에는 일반석의 단체항공권을 기준으로 한다.

(1) 항공운임의 구성과 유효기간

항공운임은 대체로 순수 항공운임과 Tax로 구성되어 있으며, Tax는 해당 국가의 공항이용료, 유류할증료, 각 국가에 따라 징수하는 해당 국가의 세금 등으로 구성된다. 또한 항공운임에 따라 항공권마다 최대체류허용일이 정해져 있어서 반드시 그 유효기간을 준수하여야 한다.

(2) 단체항공권의 개념과 유의사항

단체항공권은 항공사에서 단체여행객을 위해 가장 저렴하게 판매하는 항공권으로 다음과 같은 사항을 유의해야 한다.

① 최소 성인 10명이 기준이며, 소아는 2명을 성인 1명으로 간주하여 성인 9명과 소아 2명은 단체구성이 가능하다. 그러나 판매 부진노선은 항공사에서 전략적으로 단체 기준인원을 낮추어서 적용하기도 한다.

② 단체 구성원의 출발일과 귀국일 및 항공편수가 모두 동일해야 한다. 그러나 항공사 에 따라 이러한 규정을 철저히 준수하는 항공사도 있지만 대체적으로 일부 구성원 의 귀국일은 수수료를 징수하고 유효기간 내에서 변경 가능하다.

③ 단체항공권은 일반적으로 최대체류허용일이 15일로 출발일 기준 최대 15일 이내 로 귀국해야 한다. 그러나 항공사와 목적지에 따라 이보다 더 짧은 경우도 있다.

④ 소아의 항공운임은 성인 판매가의 75%를 지불하는 것이 원칙이지만, 일부 항공사에 서는 소아항공운임을 별도로 책정하지 않고 성인과 동일하게 판매하는 경우도 있다.

⑤ 이미 개시된 단체항공권은 환불이 불가능하다.

2) 지상비

지상비는 현지에서 발생되는 체재 및 관광에 소요되는 비용을 말하며, 투어피(tour fee), 랜드피(land fee)라고도 불린다. 지상비에는 숙박비, 식사비, 지상교통비, 관광지 입장료, 현지가이드 비용, 세금(tax) 및 잡비가 포함된다.

3) 기타 비용

기타 비용은 항공운임이나 지상비를 제외한 모든 비용을 말하는 것으로 여행자 보험료, 국외여행인솔자 비용 등 일반적으로 여행요금에 포함되는 비용과 비자 및 비자 수속 대행료, 선택 관광 요금, 가이드 및 기사 팁(여행상품에 따라 여행요금에 포함하는 경우도 있음), 개인적으로 사용하는 비용(음료대, 세탁비, 전화사용료, 초과수하물 요금 등) 등 여행요금에 포함되지 않고 현지에서 고객이 직접 지불하는 비용, 간접비용(광고비, 통신비, 인건비 등의 비용) 등의 여행사에서 전체 비용으로 반영하는 비용으로 구분할 수 있다.

4) 수익

여행사에서 여행상품의 구성요인들을 복합적으로 조립하여 만들어낸 여행상품을 고객에게 알선 및 판매하고 서비스를 제공한 대가로 여행자에게 받는 수익을 말한다.

2. 원가표 작성하기

여행상품 가격을 책정하기 위해서는 미리 원가계산서를 작성하여 여행상품의 원가를 산출하고 여행사의 수익과 비용을 합산하여 적정한 상품가격을 책정하게 된다. 항공운임, 지상비, 기타 부대비용 등을 합하여 원가를 산출하고 여기에 알선 수수료를 합산하여 최종 판매가를 산출한다.

● 여행상품 원가 산출방법

여행상품 원가를 산출하는 방법은 아래의 두 가지 방법이 있다.

(1) 1인당 원가 계산법

여행상품을 구성하는 각 항목별로 1인당 요금을 기준으로 요금을 산출해서 총항목을 합산하는 방법

(2) 원가 총합 계산법

여행상품을 구성하는 각 항목별로 전체 인원의 요금을 산출해서 총 항목을 합산하여 다시 총인원으로 나누는 방법

Example

EX) 태국 3박 5일에 대한 15명+1인솔자에 대한 원가 산출

항공료 40만원, Tax 5만원, 지상비 18만원, 여행자 보험료 5천원, 인솔자출
장비 총 20만원

- 1인당 원가 계산법

항공료 400.000

Tax50.000

지상비 180.000

보험료5.000

인솔자경비 50.000+5.000+200.000/인원수 15명=17.000

1인당 원가 652.000원

- 원가 총합 계산법

항공료 400.000X15명=6.000.000

Tax50.000X15명= 750.000

지상비 180.000X15명=2.700.000

보험료 5.000X15명= 75.000

인솔자경비 50.000+5.000+200.000=255.000

원가 총합 9.780.000/인원수 15명=652.000

1인당 원가 652.000원

Explanation

항공료는 성인 15명 이상으로 FOC항공권이 제공되어 인솔자 항공료는 무료이며, Tax 50.000원만
부담

지상비는 지상수배업체에서 인솔자는 FOC로 처리해서 무료

여행자 보험료 5.000원은 고객과 동일하게 부담

인솔자 출장비는 각 여행사마다 차이가 있지만 일반적으로 1일당 40.000원

Chapter 06 여행요금 상담 기출문제

01 다음 중 기획여행요금을 구성하는 요인이 <u>아닌</u> 것은?

① 항공운임 　　　　　　　　　② 지상비

③ 여행자보험료 　　　　　　　④ 인천공항 버스비

★TIP　여행요금은 일반적으로 항공운임, 지상비, 인솔자경비, 여행자보험료 등으로 구성

02 다음 중 항공운임 중에서 정상운임의 최대체류허용일은?

① 1년 　　　　②6개월 　　　　③ 3개월 　　　　④ 1개월

03 다음 중 소아, 유아, 학생 등 나이나 신분에 의해 할인되는 항공운임은?

① 특별운임 　　　　　　　　　② 할인운임

③ 정상운임 　　　　　　　　　④ 일반운임

04 다음 중 소아 항공운임의 나이 기준은?

① 만2세 이상-만19세 미만

② 만2세 이상-만18세 미만

③ 만2세 이상-만13세 미만

④ 만2세 이상-만12세 미만

Answer　1. ④　2. ①　3. ②　4. ④

05 다음 중 유아 항공운임의 나이 기준은?

① 만2세 미만 ② 만3세 미만

③ 만4세 미만 ④ 만5세 미만

06 유아 항공운임은 일반적으로 성인 항공운임의 몇 %인가?

① 성인 판매운임의 10%

② 성인 정상운임의 10%

③ 성인 판매운임의 20%

④ 성인 정상운임의 20%

★**TIP** 유아 항공운임은 일반적으로 성인 정상운임의 10%를 지불, 소아 항공운임은 성인 판매운임의 75%를 지불

07 AD(Agent Discount) 항공권의 적용 대상은?

① 항공사 직원 ② 여행사 직원

③ 랜드사 직원 ④ 일반고객

★**TIP** AD 항공권은 여행사 직원 대상 할인항공권을 말함

08 성인을 비동반하고 비행기를 탑승한 소아 탑승객을 의미하는 용어는?

① UM ② AM ③ DM ④ KM

09 항공운임에 추가되는 Tax가 <u>아닌</u> 것은?

① 부가가치세 ② 공항세_(공항이용료)

③ 유류세_(유류할증료) ④ 전쟁보험료

Answer 5. ① 6. ② 7. ② 8. ① 9. ①

10 일반적으로 단체항공권의 최소 구성 인원수는?

① 성인 5명 이상　　　　　　② 성인 10명 이상

③ 성인 15명 이상　　　　　　④ 성인 20명 이상

11 최대 체류허용일이 7일인 경우 9월 10일 출국하면 귀국 항공편은 현지에서 언제까지 출발하여야 하는가?

① 9월17일 밤 12시 이전　　　② 9월16일 밤 12시 이전

③ 9월17일 낮 12시 이전　　　④ 9월16일 낮 12시 이전

★TIP　10일＋7일＝17일 밤 12시 이전까지는 출발해야 됨

12 단체항공권 구성 시 소아는 몇 명을 성인 1명으로 간주하는가?

① 1명　　　② 2명　　　③ 3명　　　④ 4명

★TIP　단체항공권 구성 시 소아는 2명을 성인 1명으로 간주

13 여행 목적지에서 발생되는 체재 및 관광에 소요되는 비용의 이름은?

① 여행비　　　　　　② 교통비

③ 지상비　　　　　　④ 관광비

14 여행상품의 숙박비에서 1실 투숙 기준 인원은?

① 1인 1실　　　　　　② 2인 1실

③ 3인 1실　　　　　　④ 4인 1실

15 여행상품의 원가산출 시 유의할 사항이 <u>아닌</u> 것은?

① 항공운임에 대한 성수기와 비수기 적용 여부
② 여행객 인원수에 따른 무료항공권 지급 여부
③ 가이드 및 기사 팁 포함 여부
④ 국외여행인솔자의 성별

16 일반적으로 여행요금에 포함되지 <u>않는</u> 기타비용은?

① 여행자보험료　　　　　　　　② 국외여행인솔자 항공료
③ 비자 및 비자수속 대행료　　　④ 국외여행인솔자 출장비

★TIP　여행요금에는 일반적으로 여행자보험료와 국외여행인솔자 경비가 포함되는 기타비용이고, 비자 및 비자수속 대행료, 선택관광 비용 등은 포함되지 않는 기타비용

17 여행업자가 미리 여행목적지 및 관광일정, 여행자에게 제공될 운송 및 숙식서비스 내용, 여행요금을 정하여 광고 또는 기타 방법으로 여행자를 모집하여 실시하는 여행의 명칭은?

① 기획여행　　　　　　　　　　② 희망여행
③ 주문여행　　　　　　　　　　④ 맞춤여행

18 다음 조건에 맞는 여행상품의 1인당 원가는?

태국 3박 5일 15명 + 1인솔자에 대한 원가 산출
항공료 40만원, Tax 5만원, 지상비 18만원, 여행자 보험료 5천원, 인솔자출장비 총 20만원

① 652,000원　　　　　　　　　② 752,000원
③ 735,000원　　　　　　　　　④ 835,000원

Answer　15. ④　16. ③　17. ①　18. ①

19 여행요금의 원가 산출 시 국외여행인솔자 비용의 처리 방법은?

① 국외여행인솔자 비용은 여행객 수로 나누어 분담한다.
② 국외여행인솔자 비용은 여행객 수에 국외여행인솔자를 더한 수로 나누어분담한다.
③ 국외여행인솔자 비용은 본인이 부담한다.
④ 국외여행인솔자 비용은 여행사 대표이사가 부담한다.

20 다음 여행의 명칭 중에서 의미가 <u>다른</u> 것은?

① 기획여행
② 맞춤여행
③ 희망여행
④ 주문여행

⭐TIP 기획여행은 여행상품을 미리 만들어서 여행객을 모집하는 여행이고, 나머지는 단체가 구성되어 있어서 별도로 여행사에 본 단체만을 위한 여행을 의뢰하는 것을 말함

21 다음 중 지상비 산출 내역 중에서 <u>틀린</u> 것은?

① 숙박비는 1박당 객실 요금×인원 수×숙박 일수를 적고 산출된 총 합계 금액을 금액란에 적는다.
② 식사비는 중식 비용×횟수×인원 수, 석식 비용×횟수×인원 수를 적고 산출된 총 합계 금액을 금액란에 적는다.
③ 지상 교통비는 1일 교통비×관광일수를 적고 합계 금액을 금액란에 적는다.
④ 관광 입장료는 입장료 총액×인원 수를 적고 합계 금액을 금액란에 적는다.

⭐TIP 객실은 2인 1실 기준으로 해야 한다.

22 다음 부대비용 중에서 포함여부에 따른 성격이 <u>다른</u> 하나는?

① 여행자보험료
② 국외여행 인솔자 항공료
③ 국외여행 인솔자 출장비
④ 비자 비용

23 다음 조건에 따라 고객 1인당 부담하게 되는 인솔자비용을 산출하시오.

부대비용 조건
여행기간: 4박 5일, 인원수: 여행객 15명+인솔자 1명
단체항공료: 500,000원, 항공TAX: 60,000원
여행자 보험료(1인기준): 5,000원, 인솔자 출장비 1일 50,000원
인솔자 항공료: FOC

① 20,000원   ② 21,000원
③ 22,000원   ④ 23,000원

24 다음 ( )안에 들어갈 숫자가 맞게 짝지어 진 것은?

국외여행 표준약관에 의거하여 계약 체결 시 보다 이용 운송, 숙박 기관에 지급 해야 할 요금이 (   )% 이상 증감되거나 여행 요금에 적용된 외화 환율이 (   )% 이상 증감한 경우 당사 또는 여행자는 그 증감된 금액 범위 내에서 여행 요금의 증감을 상대방에게 청구할 수 있다. 이러한 경우 여행 개시 (   )일 전에 여행자에게 통지해야 한다.

① 5-2-15   ② 2-5-15
③ 5-2-7   ④ 2-5-7

 22. ④ 23. ② 24. ①

ROE 1087.884 UP TO 100.00 KRW

30APR16**30APR16/KE SELRUH/NSP;EH/TPM 4664/MPM 5622

LN FARE BASIS	OW NUC	RT	B	PEN	DATES/DAYS	AP	MIN	MAX	R
01 RRT		3882.26	R	—	—	—	—	—	M
02 PRT		3416.40	P	—	—	—	—	—	M
03 FRT		3105.79	F	—	—	—	—	—	M
04 JRT		2456.51	J	—	—	—	—	—	M
05 CRT		2233.18	C	—	—	—	—	—	M
06 IBZ		2009.91	I	+	—	+7	—	6M	R
07 YRT		1382.91	Y	—	—	—	—	—	M
08 BLEMKM		987.05	B	+	S01APR 14JUL	—	—	12M	M
09 MLEMKM		789.65	M	+	S01APR 14JUL	—	—	12M	M
10 HLEKM		735.37	H	+	S01APR 14JUL	+	—	12M	R
11 ELEKM		666.43	E	+	S01APR 14JUL	+	+	12M	R

25 상기의 요금조회 결과를 보고 적합한 예약클래스를 고르시오. 선발권 조건이 적용되는 클래스는?

① C클래스   ② I클래스   ③ Y클래스   ④ B클래스

26 상기의 요금조회 결과를 보고 적합한 예약클래스를 고르시오. 최대체류기간이 6개월인 예약클래스는?

① C클래스   ② I클래스   ③ H클래스   ④ E클래스

27 상기의 요금조회 결과를 보고 적합한 예약클래스를 고르시오. 루팅시스템을 활용하여 산출한 항공요금은?

① B클래스   ② Y클래스   ③ M클래스   ④ E클래스

 Answer 25. ② 26. ② 27. ④

```
ROE 1087.884 UP TO 100.00 KRW
30APR16**30APR16/KE SELJKT/NSP;EH/TPM 3281/MPM 3937
LN FARE BASIS OW NUC RT   B PEN   DATES/DAYS   AP  MIN MAX R
11 HLEKS1            27.43  H  +   S01APR 30JUN   −   −   6M  R
ADDON   SPECIFIED KE6007 ADDON   EFF06FEB13
1 * SEL−BKK/DPS−GA−JKT
2 * SEL−HKG−CX−JKT
3 * SEL−SIN−SQ−JKT
4 * SEL−KUL−MH−JKT
5 * SEL−JKT
```

28 상기의 루팅조회 결과를 보고 적용이 불가능한 여정을 고르시오.

① SEL−BKK−DPS−JKT−SEL

② SEL−HKG−JKT−SIN−SEL

③ SEL−SIN−JKT−SEL

④ SEL−KUL−JKT−SEL

★TIP 루팅맵에서 BKK/DPS는 방콕 또는 덴파사르를 의미

29 상기의 루팅조회 결과를 보고 방콕에서 자카르타까지 이용 가능한 항공사를 고르시오.

① 가루다 인도네시아 항공   ② 타이항공

③ 말레이시아 항공   ④ 캐세이 퍼시픽 항공

30 상기의 루팅조회 결과를 보고 홍콩에서 자카르타까지 이용 가능한 항공사를 고르시오.

① 가루다 인도네시아 항공   ② 타이항공

③ 말레이시아 항공   ④ 캐세이 퍼시픽 항공

Answer 28. ① 29. ① 30. ④

Chapter **07**

예약 수배 업무

예약 수배 업무

1. 항공 예약하기

항공예약 시스템을 활용하여 항공예약 업무를 수행하기 위해서는 업무의 효율성을 위해 모든 국가와 도시(공항), 항공사, 예약상태, 좌석등급 등이 국제적으로 통일된 영문 코드로 표시된다. 따라서 항공예약 업무를 진행하기 위해서는 미리 도시(공항)코드 및 항공사코드 등을 숙지하여야만 한다. 도시(공항) 코드는 대개 도시명의 첫 영문자 3자리로 표기하는 ROM 유형이나 도시명의 첫 영문자에 두 글자를 선택하여 조합한 BKK 유형의 두 가지로 구분되며, 이외의 유형은 그리 많지 않다.

1) 항공예약 기록

항공예약 기록(PNR: Passenger Name Record)은 고객의 요청에 의해 항공예약을 실시하여 얻은 결과를 항공예약시스템에 저장해서 언제든지 다시 불러와 수정작업 또는 예약확인을 할 수 있는 기록을 말한다.

PNR의 구성요소는 필수구성요소와 부수적 구성요소로 나누어지는데, 필수구성요소는 PNR을 작성하는데 없으면 PNR을 만들 수 없는 요소들이고, 부수적 구성요소는 야채식이 필요한 고객에게 야채식을 예약해주거나 휠체어를 필요에 따라 예약을 하는 것을 말한다. PNR의 필수구성요소는 여정, 이름, 전화번호, 의뢰자, 발권구입 시한)로 5가지 항목을 입력한 후 기본 PNR을 완성할 수 있다. PNR을 작성 시에는 반드시 본인 여권상의 영문명을 이용해야 하고, 요청 좌석수와 승객 수가 일치해야 하며, 신분에 맞는 Title이 입력되어야 한다. 또한 유아 및 소아는 나이도 함께 입력되어야 한다.

Example

〉① RT09275790

② ——— RLR ———

RP/ ③ SELK1392X/SELK1392X BA/SU ④ 4DEC13/2137Z ⑤ 4FXWIU

⑥ 0927-5790

⑦ 1.CHEON/DEOKHEEMR

⑧ 2 OZ 741 Y 25JUN 3 ICNBKK HK1   1820   2210   *1A/E*

⑨ 3 OZ 742 Y 30JUN 1 BKKICN HK1   2340   0650+1*1A/E*

⑩ 4 AP 02-755-9023

⑪ 5 APH 02-777-7777

⑫ 6 APM 010-5494-6000

⑬ 7 TK TL20MAY/1400/SELK1392X

⑭ 8 OPW SELK1392X-03JAN:0700/1C7/OZ REQUIRES TICKET ON OR
   BEFORE04JAN:0700/S2-3

⑮ 9 OPC SELK1392X-04JAN:0700/1C8/OZ CANCELLATION DUE TO NO
   TICKET/S2-3

Explanation

① RT: PNR을 불러오기 위한 명령어, 09275790: 예약번호
② Record Locator Return
③ 예약여행사의 ID
④ PNR 작성 일자와 시간(표준시)
⑤ 영문 예약번호
⑥ 숫자 예약번호
⑦ 승객번호와 승객명, Title
⑧ 라인번호와 출국여정
⑨ 라인번호와 귀국여정
⑩ 라인번호와 예약한 사무실 전화번호
⑪ 라인번호와 승객 집 전화번호
⑫ 라인번호와 승객 모바일폰 번호
⑬ 항공권 발권예정 일자와 시간
⑭ Optional Warning, 예약 후 자동 생성되는 것으로 항공사에서 1월 3일 7시까지 라인번호 2~3번
   여정을 발권하라는 1차 메시지
⑮ Optional Cancellation, 예약 후 자동 생성되는 것으로 항공사에서 1월 4일 7시까지 라인번호 2~3번 여정을
   발권하지 않을 경우 자동 취소된다는 최종 메시지

2. 지상 수배하기

　여행상품을 판매하여 여행객이 모집이 되면 항공예약과 지상수배 업무를 수행해야
한다. 지상수배 업무는 현지의 호텔, 식당, 차량, 가이드, 관광 등을 예약하는 업무로 현
지의 여행사에 직접 수배하거나 지상수배업체를 통해 할 수 있다. 지상수배업체는 랜드
오퍼페이터(land operator)라고도 불리며, 한국의 아웃바운드 여행업체로부터 현지의 행사를
의뢰받아 현지의 인바운드 여행업체에 수배를 대행해주는 역할을 하며, 또한 여행업을
상대로 현지 관광정보의 제공, 현지에서 관광에 소요되는 비용의 견적을 산출하여 제공,
현지의 안전 대책 등을 수행하는 업자를 말한다.

　지상수배를 위해서는 출·귀국 일자와 항공편 및 시간, 여행참가자 영문명단, 호텔 룸
타입 및 호텔급수, 차량크기, 인솔자 동행 여부, 특식제공 여부, 선택관광 포함 여부 등
을 명시하여야 한다.

3. 여행서류 확인하기

1) 여권

　해외여행 시 여행객의 신분을 증명하기 위한 신분증명서가 여권이다. 여권에는 여행
객의 얼굴 사진과 국적, 생년월일, 성별 등 인적 사항과 여권번호, 여권발급일, 여권만료
일 등 여권정보가 기재되어 있다.

　여권은 다음과 같이 다양한 용도로 사용되고 있다.
　① 비자신청과 발급
　② 출국수속과 항공기탑승
　③ 현지입국
　④ 귀국수속과 귀국
　⑤ 면세점에서 면세 상품 구입
　⑥ 국제 운전면허증 발급

⑦ 여행자 수표 관련 업무
⑧ 외화 환전
⑨ 일부국가에서 호텔 체크인

2) 비자(VISA)

비자는 외국인에 대해 방문하고자 하는 목적지 국가에서 입국을 허가해 주는 일종의 입국허가증이다. 우리나라는 국력의 신장으로 대다수의 나라들과 비자 면제 협정이 체결되어 비자 없이 여행이 가능하지만 이 국가들 역시 입국목적과 허용하는 기간을 초과해 체류할 경우에는 체류 목적에 맞는 비자를 발급받아야 한다.

비자에는 입국 목적과 종류, 체류 기간 등이 명시되며, 여권의 사증란에 스탬프를 찍거나 스티커를 붙여 발급하게 된다.

3) 출입국신고서

대부분의 국가에서는 해외로 출국하거나 국내로 입국을 할 경우에는 출입국신고서를 작성해야만 한다. 영어로는 E/D Card라고 하는데 이것은 출국(Embarcation)과 귀국(Disembarcation)의 약자이며 Departure Card, Arrival Card 라고도 한다. 일반적으로 출입국신고서에는 국적, 성명, 생년월일, 성별, 출귀국 일자 및 비행기 편명, 여권정보, 숙소 등을 기재하게 된다. 현재 우리나라와 일부 국가에서는 출입국카드를 작성하지 않아도 된다.

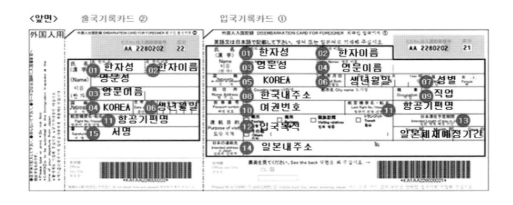

4) 여행자보험

(1) 여행자보험 가입 업무

국내외 여행을 하기 전에는 반드시 여행자보험을 가입하여 만일의 사망사고, 상해사고, 도난사고 등의 사고에 대비해야 한다. 여행자보험 가입을 위해서는 여행자이름과 주민등록번호만 있으면 가능하다.

그러나 위험이 따르는 목적으로 국외여행을 하는 사람은 기본적으로 여행자보험 가입이 불가능하다. 또한 특별약정이 없는 한 피보험자가 직업과 직무 또는 동호회 활동목적으로 다음에 열거된 행위를 하는 동안에 발생한 손해는 보상에서 제외된다.

① 전문등반(전문적인 등산용구를 사용하여 암벽 또는 빙벽을 오르내리거나 특수한 기술, 경험, 사전훈련을 필요로 하는 등반), 글라이더 조종, 스카이다이빙, 스쿠버다이빙, 행글라이딩 또는 이와 비슷한 위험한 활동

② 모터보트, 자동차 또는 오토바이에 의한 경기, 시범, 흥행(이를 위한 연습을 포함) 또는 시운전 (다만 공용도로상에서 시운전을 하는 동안 발생한 상해는 보상가능)

③ 선박승무원, 어부, 사공, 양식업자, 그 밖에 선박에 탑승하는 것을 직무로 하는 사람이 직무상 선박에 탑승하고 있는 동안

(2) 여행자보험 보상청구 업무

다음은 여행자보험의 보상항목에 따른 보상내역이다.

① 사망사고: 사망사고는 상해사망과 질병사망에 따라 보상금에 많은 차이가 발생되며, 약정보상금을 받게 된다.

② 치료실비: 상해를 입고 그 직접결과로써 의사의 치료를 받은 경우에는 1사고 당 의료비 보상한도금액 내에서 피보험자가 실제로 부담한 의료비 전액을 지급하나 어떠한 경우에도 사고일로부터 180일을 한도로 한다.

③ 배상책임: 피보험자가 여행 도중에 생긴 우연한 사고로 인하여 제3자에게 법률적인 배상책임을 부담함으로써 입은 손해에 대한 보상을 말한다. 피보험자가 피해자에게 지급한 대인·대물 등의 피해보상금액, 손해의 방지 또는 경감을 위한 일체의 방법을 강구하는 데 소요된 비용, 타인으로부터 손해의 배상을 받을 수 있는 경우

에는 그 권리를 지키거나 행사하기 위하여 필요한 절차를 취할 때 소요된 비용 등을 보상한다.

④ 휴대품 도난사고: 휴대품 도난사고에 대한 보상은 물건 1점당 최고 20만원을 기준으로 1인 최고보상한도금액까지 보상한다. 그러나 본인의 과실에 의한 분실사고는 보상의 대상에서 제외된다. 통화 · 유가증권 · 인지 · 우표 · 신용카드 · 쿠폰 · 항공권 · 여권 등 이와 비슷한 것과 의치 · 의수족 · 콘택트렌즈 등은 휴대품으로 취급하지 않는다.

⑤ 특별비용: 특별비용은 여행 도중에 급격하고도 우연한 외래의 사고에 따라 긴급수색 구조 등이 필요한 상태나 14일 이상의 입원이 진단된 경우에 소요되는 비용에 대한 보상을 말한다.

⑥ 항공기 납치담보: 항공기가 납치되었을 경우에는 1일 기준 7만원씩이 지급되며, 최대 20일까지 총 140만원까지 지급된다.

예약 수배 업무 기출문제

01 다음 중 오클랜드의 도시코드는?

① OKL   ② AKL   ③ OKD   ④ AKD

02 다음 중 타이페이의 도시코드는?

① TPE   ② TIP   ③ TPI   ④ TII

03 다음 중 시드니의 도시코드는?

① SDY   ② SYD   ③ SDN   ④ SND

⭐TIP   시드니 도시코드는 ROM 유형으로 도시명인 SYDNEY의 앞 3글자를 사용

04 다음 도시코드 중 국가가 다른 도시는?

① YVR   ② YYC   ③ YYZ   ④ LAX

⭐TIP   캐나다의 도시는 Y로 시작

05 다음 중 휴양지와 코드가 다르게 묶인 것은?

① 발리-DPS   ② 피지-NAN   ③ 보라카이-BRK   ④ 몰디브-MLE

⭐TIP   보라카이는 KLO

Answer   1. ②   2. ①   3. ②   4. ④   5. ③

06 다음 중 도시코드와 공항코드가 <u>잘못</u> 묶인 것은?

① NYC-JFK   ② LON-LHR

③ OSA-KIX   ④ WAS-CDG

★TIP   WAS-IAD 이며, PAR-CDG

07 캐세이퍼시픽 항공사의 2코드는?

① CX   ② CP

③ KX   ④ KP

08 항공예약 시 주의할 사항이 <u>아닌</u> 것은?

① 좌석 수와 승객 수의 일치 여부

② 신분에 맞는 타이틀

③ 승객의 주소

④ 성인과 유아, 소아의 구분

09 다음 예약기록에서 한국 도착일은?

2 OZ 741 Y 25JUN 3 ICNBKK HK1	1820	2210	*1A/E*
3 OZ 742 Y 30JUN 1 BKKICN HK1	2340	0650＋1	*1A/E*

① 6월 30일   ② 7월 1일

③ 6월 25일   ④ 7월 2일

★TIP   0650 뒤의 +1은 다음날을 의미

Answer   6. ④   7. ①   8. ③   9. ②

10 다음 예약기록에서 예약번호에 해당하는 것은?

```
——— RLR ———
RP/SELK1392X/SELK1392X  BA/SU4DEC13/2137Z  4FXWIU
0927-5790
1.CHEON/DEOKHEEMR
2  OZ 741 Y 25JUN 3 ICNBKK HK1              1820    2210    *1A/E*
3  OZ 742 Y 30JUN 1 BKKICN HK1              2340    0650+1*1A/E*
```

① RP/SELK1392X/SELK1392X   ② 4DEC13/2137Z
③ 4FXWIU   ④ BA/SU

TIP 4FXWIU와 0927-5790이 예약번호

11 다음 예약기록에서 밑줄 그어진 3의 의미는?

```
2  OZ 741 Y 25JUN 3 ICNBKK HK1        1820    2210    *1A/E*
```

① 수요일   ② 3번 라인   ③ 공항 3청사   ④ 승객수

12 남자 소아의 타이틀로 맞는 것은?

① MR   ② MS   ③ MSTR   ④ MISS

13 랜드오퍼레이터의 역할이 아닌 것은?

① 여행업을 상대로 현지 관광정보의 제공
② 현지에서 관광에 소요되는 비용의 산출
③ 현지의 여행객에 대한 안전 대책 강구
④ 여행객에게 여행상품의 판매 및 모집

TIP 랜드오퍼레이터는 여행객에게 여행상품을 판매하지 않으며, 여행사를 대상으로 영업을 함

Answer   10. ③   11. ①   12. ③   13. ④

14 DUPE의 설명이 <u>아닌</u> 것은?

① Duplication의 약자 　　　　　② 이중예약을 의미

③ 항공예약 시 주의할 사항 　　　④ 2명의 고객

★TIP　　DUPE는 Duplication의 약자로 이중예약을 의미하며, 항공예약 시 이중예약을 하지 않도록 주의

15 수배확정서에 표기되는 내용이 <u>아닌</u> 것은?

① 1인당 지상비 　　② 관광지 입장료 　　③ 세부일정 　　④ 호텔명

16 여권에 대한 개념이 <u>맞는</u> 것은?

① 해당 국가에 입국해도 된다는 허가서

② 해외여행 시 여행객의 신분을 증명하기 위한 신분증명서

③ 해당 국가에서 직업을 가져도 된다는 증명서

④ 해당 국가에서 학업을 수행해도 된다는 증명서

17 여권의 용도가 <u>아닌</u> 것은?

① 비자 신청과 발급 　　　　　　② 외화 환전

③ 면세품 구입 　　　　　　　　　④ 현지 야시장에서 쇼핑

18 단수여권에 대한 설명 중 <u>틀린</u> 것은?

① 유효기간이 1년이다.

② 유효기간 중에는 한번만 출국이 가능하다.

③ 유효기간이 남아 있는 동안에는 여러 번 출국이 가능하다.

④ 유효기간이 남아 있어도 한번 사용한 단수여권은 사용이 불가하다.

Answer　14. ④　15. ②　16. ②　17. ④　18. ③

19 여권용 사진의 바탕색으로 <u>적합한</u> 색은?

① 흰색   ② 하늘색

③ 분홍색   ④ 검정색

20 비자에 대한 설명으로 <u>틀린</u> 것은?

① 외국인에 대해 목적지 국가에서 입국을 허가해 주는 입국허가증

② 목적지 국가의 대사관에서 발급

③ 우리나라의 외교부에서 발급

④ 여권에 스탬프나 스티커의 형태로 발급

21 다음 비자의 종류에서 비자의 분류가 <u>다른</u> 것은?

① 관광비자   ② 단수비자

③ 상용비자   ④ 이민비자

> ★TIP 관광비자, 상용비자, 이민비자는 방문목적에 따른 분류이고, 단수비자는 사용횟수에 따른 분류

22 출입국카드에 기재하는 내용이 <u>아닌</u> 것은?

① 국적   ② 성명

③ 출입국 비행기 편명   ④ 쇼핑품목

23 다음 중 여행자보험 가입이 가능한 사람은?

① 전문 등반을 하는 사람   ② 선박 승무원

③ 개별 여행객   ④ 자동차 경기하는 사람

 Answer 19. ① 20. ③ 21. ② 22. ④ 23. ③

24 여행자보험의 보상금에서 특별비용에 대한 설명이 <u>맞는</u> 것은?

① 상해를 입고 의사의 치료를 받은 비용

② 피보험자가 여행 도중에 우연한 사고로 제3자에게 피해를 입힌 비용

③ 휴대품 도난에 따른 도난품 비용

④ 여행 도중에 우연한 사고로 인한 긴급수색 비용

25 여행자보험의 휴대품손해 보상금 청구 시 반드시 필요한 서류가 <u>아닌</u> 것은?

① 피해품 내역서

② 사고경위서

③ 현지 경찰 확인서

④ 현지 가이드 확인서

26 다음 중 미국 뉴욕(NEW YORK)의 공항 코드가 <u>아닌</u> 것은?

① JFK

② LGA

③ APW

④ EWR

27 다음 중 각 코드가 맞게 연결된 것은?

① 캐나다 오타와(OTTAWA) 도시코드: YOW

② 필리핀 세부(CEBU) 도시코드: CBU

③ 유럽 독일(GERMANY) 국가코드: GE

④ 미국 일리노이(ILLINOIS) 주 코드: IN

Answer   24. ④   25. ④   26. ③   27. ①

28 아래 Availability에 대한 설명으로 <u>잘못된</u> 것은?

```
AN25SEPCHIICN

** AMADEUS AVAILABILITY - AN ** ICN INCHEON INTERNA.KR   1 WE 25SEP 0000
  1  KE:DL7862  F5 J9 C9 D9 I9 Z9 Y9 /ORD 5 ICN 2   1225  1625+1E0/77W      14:00
            B9 M9 H9 Q9 K9 L9 U9 T9 X9 V9
  2  KE 038  P5 A1 J9 C9 D9 I9 R8 /ORD 5 ICN 2      1225  1625+1E0/77W      14:00
            Z9 Y9 B9 M9 S9 H9 E9 K9 L9 U9 Q9 N9 T9 G1
  3  OZ 235  J9 C9 D9 Z6 U4 P4 Y9 /ORD 5 ICN 1      2355  0400+2E0/77L      14:05
            B9 M9 H9 E9 Q9 K9 S9 V9 W9 T9 L9 GR
  4  OZ:UA7315  J9 C9 D9 Z9 P9 Y9 B9 /ORD 5 ICN 1  2355  0400+2E0/77L      14:05
            M9 E9 U9 H9 Q9 V9 W9 S9 T9 L9 K9 G9
```

① 1번 스케줄로 예약하는 경우 실제 탑승항공사는 DL항공이다.

② 2번 스케줄로 예약하는 경우 서울에 도착하는 날짜는 9월 26일이다.

③ 3번 스케줄을 예약하는 경우 중간경유지가 없는 Non-Stop Flight를 탑승한다.

④ 4번 스케줄로 예약하는 경우 실제 탑승항공사는 OZ항공이다.

29 승객의 미확정 구간을 입력하는 ENTRY는?(항공사: KE, BOOKING CLASS: M, 여정: PAR SEL)

① SKKEMCDGICN   ② SOKECDGICN

③ SOKEYCDGICN   ④ SOKEMCDGICN

30 다음 중 미국 시카고의 공항코드가 맞는 것은?

① DFW   ② JFK

③ IAD   ④ ORD

 **Answer**   28. ①   29. ④   30. ④

31 아래 PNR에 대한 설명 중에 옳은 것은?

> \--- RLR ---
>
> RP/SELK1394Z/SELK1394Z   AA/SU 15AUG19/2349Z   TWKPQL
>
> 0755-9023
>
> 1 HONG/GILDONG MR
>
> 2 KE5901 Y 25OCT 5 ICNCDG HK1 0905 1410 25OCT E KE/TWKPQL
>
>   OPERATED BY AIR FRANCE
>
> 3 KE5902 Y 30OCT 3 CDGICN HK1 1310 0810 31OCT E KE/TWKPQL
>
>   OPERATED BY AIR FRANCE
>
> 4 AP 02-755-9023
>
> 5 TK OK16AUG/SELK1394Z
>
> 6 OPW SELK1394Z-29AUG:1900/1C7/KE REQUIRES TICKET ON OR BEFORE
>
>   30AUG:1900/S2-3
>
> 7 OPC SELK1394Z-30AUG:1900/1C8/KE CANCELLATION DUE TO NO
>
>   TICKET/S2-3

① 승객이 실제 탑승하는 항공사는 모두 KE항공이다.

② 발권시한은 8월 29일 19시까지로 이때까지 발권하지 않으면 여정은 자동취소된다.

③ 인천공항에 10월 31일에 도착한다.

④ 왕복 전 구간 좌석은 확약되어 있지 않다.

32 다음 중 이탈리아 로마의 공항코드가 맞는 것은?

① FCO   ② BLQ

③ LGW   ④ VCE

 Answer   31. ③ 32. ①

33 다음 PNR의 수정과 삭제에 대한 설명 중 <u>잘못된</u> 것은?

--- RLR ---

RP/SELK1394Z/SELK1394Z   AA/SU 15AUG19/2357Z   TWKPQL
0755-9023

  1 HONG/GILDONG MR(INF/GILNAM MSTR/20DEC18)

  2 TG 659 Y 20NOV 3 ICNBKK HK1 0935 1330 20NOV E TG/TWKPQL

  3 TG 654 Y 25NOV 1 BKKICN HK1 1240 2005 25NOV E TG/TWKPQL

  4 AP 02-755-9023

  5 TK OK16AUG/SELK1394Z

  6 SSR INFT TG HK1 HONG/GILNAMMSTR 20DEC18/S2

  7 SSR INFT TG HK1 HONG/GILNAMMSTR 20DEC18/S3

  8 SSR BBML TG HK1/S2

  9 SSR BBML TG HK1/S3

10 OPW SELK1394Z-19NOV:0700/1C7/TG REQUIRES TICKET ON OR BEFORE
    20NOV:0700/S2-3

11 OPC SELK1394Z-20NOV:0700/1C8/TG CANCELLATION DUE TO NO
    TICKET/S2-3

---

① 출국편의 날짜를 11월 29일로 변경하는 Entry는 SB29NOV2이다.

② 유아 식사를 취소하는 Entry는 XE8-9이다.

③ INF성명을 삭제하는 Entry는 XE1이다.

④ 3번 여정을 취소하는 Entry는 XE3이다.

34 다음 중 항공사 ETIHAD AIRMWAYS(에티하드 항공)의 코드가 맞는 것은?

① EY   ② ET

③ EK   ④ EA

 **Answer**   33. ③   34. ①

35 아래 Availability에 대한 설명으로 **틀린** 것은?

```
AN1FEBLAXSEL

** AMADEUS AVAILABILITY - AN ** SEL SEOUL.KR          93 WE 01FEB 0000
1 OZ:UA7286 F7 A4 J4 C4 D4 Z4 Y7 /LAX B ICN 1100    1730+1E0/388    13:30
           B7 M7 E7 U7 Q7 V7 W0 S0 T0 L0 K0 G0
2 KE 018    R9 A4 J9 C9 D9 I9 Z9 /LAX B ICN  1100    1740+1E0/388    13:40
           Y9 B9 M9 S9 H9 E9 K9 L9 U9 Q9 N9 T9 GR
3 SQ 007    F4 A3 E9 C9 J9 U6 D6 /LAX B ICN  1605    2235+1E0/77W 13:30
           S9 T9 P8 Y9 B9 E9 M9 H9 W9 Q9 N9 GL L9
4 KE 012    R9 A4 J9 C9 D9 I9 Z9 /LAX B ICN  2330    0600+2E0/388    13:30
           Y9 B9 M9 S9 H9 E9 K9 L9 U9 Q9 N9 T8 GR
```

① 1번 스케줄로 예약하는 경우 실제 탑승하게 되는 항공사는 OZ이다.

② 2번 스케줄로 예약하는 경우 비행시간은 13시간 40분이다.

③ 3번 스케줄로 예약하는 경우 NON-STOP FLIGHT를 탑승한다.

④ 1번부터 4번 스케줄 모두 인천공항 도착은 2월 2일이다.

36 다음 도시코드 중에서 유형이 **다른** 것은?

① 시카고 　　　　　　　　　　② 런던

③ 파리 　　　　　　　　　　　④ 디트로이트

> **TIP** 시카고, 런던, 파리는 ROM 유형으로 도시 앞 글자 3자를 이용하나 디트로이트는 도시명의 첫 자와 선택 2자를 이용한 유형이다.

37 다음 도시 중에서 복수의 공항코드를 갖고 있지 **않는** 도시는?

① 뉴욕 　　　　　　　　　　　② 런던

③ 파리 　　　　　　　　　　　④ 프랑크푸르트

 35. ④　36. ④　37. ④

38 아래 PNR에 대한 설명으로 옳은 것을 고르시오.

```
----RNR-----
RP/SELK1394Z/SELK1394Z        AA/SU   1NOV16/0053Z   35HDD6
2222-5588
1.  KIM/TAEHO MR      2. LEE/SOONHEE MS
3  KE5691 E 03MAR 5 ICNTPE HK2 1225 1410 03MAR E KE/35HDD6
   OPERATED BY CHINA AIRLINES
4  KE 692 E 07MAR 2 TPEICN HK2 1210 1535 07MAR E KE/35HDD6
5  AP 02-726-9999
6  APM 010-2222-5555/P1
7  TK OK01NOV/SELK13900
8  SSR VGML KE HK1/S4/P2
9  SSR VGML KE HK1/S3/P2
10  OPW SELK13900-14NOV:1900/1C7/KE REQUIRES TICKET OR BEFORE
    15NOV:1900/S3-4
11  OPC SELK13900-15NOV:1900/1CB/KE CANCELLATION DUE TO NO
    TICKET/S3-4
```

① 발권시한은 11월 15일 19시로 이때까지 발권하지 않으면 여정은 자동 취소된다.
② 승객이 실제 탑승하는 항공사는 모두 KE항공사이다.
③ 2번 승객은 왕복 해산물 기내식이 신청되었다.
④ 1번 승객은 휴대폰 전화번호가 입력되어 있지 않다.

39 다음 중 항공사 EMIRATES(에미레이트 항공)의 코드가 맞는 것은?

① EA   ② EK
③ ET   ④ EY

40 다음 중 아래 PNR의 수정/삭제에 대한 설명으로 <u>잘못된</u> 것은?

```
--- RLR ---
RP/SELK1394Z/SELK1394Z          AA/SU  16AUG19/2305Z  U5BJKV
7755-9023
   1  HONG/GILDONG MR(INF/GILNAM MSTR/20DEC18)
   2  HONG/GILSOON MISS(CHD/14NOV12)
   3  OZ 501 Y 20SEP 5 ICNCDG HK2  1230 1750  20SEP  E  OZ/U5BJKV
   4  OZ 502 Y 25SEP 3 CDGICN HK2  1950 1350  26SEP  E  OZ/U5BJKV
   5  AP 02-755-9023
   6  AP M010-777-7777/P1
   7  TK OK16AUG/SELK1394Z
   8  SSR INFT OZ HK1 HONG/GILNAM MSTR 20DEC18/S3/P1
   9  SSR INFT OZ HK1 HONG/GILNAM MSTR 20DEC18/S4/P1
  10 SSR CHLD OZ HK1 14NOV12/P2
  11 OPW SELK1394Z-30AUG:0900/1C7/OZ REQUIRES TICKET ON OR BEFORE
     31AUG:0900/S3-4
  12 OPC SELK1394Z-31AUG:0900/1C8/OZ CANCELLATION DUE TO NO
     TICKET/S3-4
```

① 돌아오는 구간의 편명을 KE902로 변경하는 Entry는 SBKE902/4이다.

② 1번 승객의 휴대폰 번호를 삭제하는 Entry는 XE6이다.

③ 유아의 성명을 삭제하는 Entry는 1/ 이다.

④ 소아 생년월일을 2010년 10월 10일로 변경하는 Entry는 2/(CHD/10OCT10)이다.

41 다음 중 2번 승객, 3번 여정에 당뇨식(DBML)을 요청하는 Entry는?

① SR DBML/L3/P2   ② SR DBML/S3/P1

③ SR DBML/S2/P3   ④ SR DBML/S3/P2

Answer   40. ①   41. ④

42 아래 인천에서 하와이까지의 운항 스케줄에 대해 <u>틀린</u> 것은?

```
TN10OCTICNHNL/AKE
** AMADEUS TIMETABLE - TN ** HNL HONOLULU.USHI     10OCT19 17OCT19
 1  KE 053    D   ICN 2  HNL 2 2120  1055  0 01SEP19  26OCT19 74H    8:35
 2 HA:KE7895 X23 ICN1  HNL2  2200  1145  0 05OCT19 02NOV19 332    8:45
 3  KE 001    D   ICN 2  HNL 2 1740  0945  1 01SEP19  26OCT19 333   11:05
```

① KE001편은 중간 경유지가 있는 DIRECT FLIGHT로 운항 중이다.

② KE001편은 17시 40분에 출발하여 다음 날 09시 45분에 도착한다.

③ KE7895편 운항 요일은 월, 목, 금, 토, 일요일이다.

④ KE053편의 비행시간은 총 8시간 35분이다.

43 다음 중 PNR 작성에 대한 설명으로 <u>틀린</u> 것은?

① PNR의 구성 요소 중 TKT Arrangement(항공권 구매 예정일)는 PNR 저장 시 자동 입력된다.

② 단체 예약 시 단체명을 입력해야 한다.

③ 반드시 여정을 출발 순서대로 입력해야 한다.

④ 중간에 비항공운송구간이 발생하는 경우 ARNK를 입력한다.

44 PNR 번호를 모르는 경우, 출발일과 승객의 성(Family Name) 만으로 PNR을 조회할 수 있는 Entry가 맞는 것은?(출발: 10JUN, FAMILY NAME: HONG)

① RT/10JUN-HONG

② RT-10JUN/HONG

③ RT/10JUN/HONG

④ RT-10JUN*HONG

Answer 42. ② 43. ③ 44. ①

45 PNR 작성 시 각 Element에 대한 설명 중 틀린 것은?

① 좌석을 점유하지 않는 만 2세미만 유아는 성인 보호자와 연결하여 이름을 입력한다.

② 승객 2명 이상도 동시에 연결하여 이름을 입력할 수 있다.

③ 미확정 구간 예약 시 예약클래스와 여정도 미확정 예약을 할 수 있다.

④ 승객의 요구 사항을 SR 지시어를 사용하여 입력하면 PNR에는 SSR로 표기된다.

46 다음 중 각 코드가 잘못 연결된 것은?

① 베트남 다낭(DANANG) 도시코드: DAD

② 스웨덴(SWEDEN) 국가코드: SE

③ 호주 캔버라(CANBERRA) 도시코드: CAN

④ 미국 오리건(OREGON) 주 코드: OR

47 다음 KE001편의 세부 스케줄을 조회한 결과를 보고 맞는 것은?

```
*1A PLANNED FLIGHT INFO*        KE  1  87 TU 12NOV19
APT ARR  DY  DEP  DY CLASS/MEAL      EQP  GRND  EFT  TTL
ICN            1720  TU JCDI/L R/-  Z/L    333          2:20
                 OYBMSHEKLUQ/D
                 NTGX/D
NRT 1940  TU 2100  TU JCDIRZOYBMS/D           1:20  7:00
                 HEKLUQNTGX/D
HNL  0900  TU                                             10:40
```

① 도쿄 나리타공항 도착시간은 21시 이다.

② 인천에서 도쿄 나리타공항까지 1시간 20분 걸린다.

③ 도쿄 나리타공항 지상조업 시간은 1시간 20분이다.

④ 인천에서 호놀룰루 공항까지 총 7시간 걸린다.

 **Answer** 45. ③ 46. ③ 47. ③

48 다음 도시와 공항코드가 <u>잘못</u> 짝지어진 것은?

① NYC-JFK-EWR   ② PAR-CDG-ORY

③ LON-LHR-LGA   ④ WAS-DCA-IAD

49 항공예약에 관한 설명이 <u>잘못된</u> 것은?

① 외국인은 성(last name)을 나중에 입력하고 내국인은 성을 먼저 입력한다.

② 요청 좌석 수와 승객 성명수가 반드시 일치해야 한다.

③ 유아(infant)의 성명은 동반 성인 보호자와 함께 입력한다.

④ 1개의 PNR에는 성인 99명까지의 성명 입력이 가능하다.

★TIP 외국인이나 내국인 상관없이 성(last name)을 먼저 입력함

Chapter **08**

여행상품 계약

여행상품상담사 자격증 예상문제집

여행상품 계약

1. 계약 기본서류 작성하기

1) 여행상품 가격에 따라 여행계약서 작성하기

(1) 여행 계약과 여행계약서

여행계약서는 여행사와 여행 계약자가 서로의 권리와 의무에 대한 약속이 성립되었음을 증명하는 서류이다. 「관광진흥법」 제14조^(여행 계약 등)항에 따라 여행업자는 여행자와 여행 계약을 체결하였을 때에는 그 서비스에 관한 내용을 적은 여행계약서를 여행자에게 내주어야 하고, 여기에는 여행 일정표 및 약관을 포함한다.

여행 계약에서 필수적으로 제공해야하는 서류는 여행계약서, 여행 약관, 여행 일정표이다. 여행계약서는 개괄적으로 작성되고, 약관은 계약에 대한 자세하고 구체적인 책임과 의무를 담고 있으며, 여행 일정표는 여행상품의 일정뿐만 아니라 가격과 서비스에 대한 상세 한 내용을 담고 있다.

현재 여행사에서 사용하는 계약서는 공정거래위원회에서 2003년에 규정한 국내 여행 표준약관과 국외 여행 표준 약관을 준수하여 작성된 국내 여행 표준 계약서와 국외 여행 표준계약서를 사용하고 있다.

여행업자는 구체적인 합의 내용에 대해 오해가 없도록 충분히 설명해야 한다. 여행 계약을 하면, 여행업자는 계약한 여행을 이행해야 하고, 약관의 내용을 포함하여 그 여행에 필요한 사항을 설명해야 하며, 여행자의 안전을 위해 공제 가입이나 보증 보험 가입의 의무를 지며, 여행자는 여행업자에게 여행 대금을 지급하고 협력할 의무를 진다. 여행 계약의 성립 후에는 여행 계약의 조건을 변경하거나 계약 해제 및 해지를 하는 경우, 정해진 바에 따라 여행 요금을 환불하거나 상대방이 손해를 입은 경우에는 그 손해를 배상해야 한다.

● 여행 계약에 포함되는 서류

서류의 기능	작성 서류
계약 사실 증명	여행계약서
계약 내용의 구체적 증명	여행 약관, 여행 일정표

여행계약서의 작성은 계약금의 동시 납부를 전제한다. 비록 여행계약서를 작성하는 시점에 여행 약관과 여행 일정표를 함께 제공하고 설명을 하더라도 계약서의 작성만으로 그 내용이 법적 효력을 발휘하는 것은 아니다.

여행계약서는 계약서에 기재된 계약금이 지정된 기일에 여행사에 입금되었을 때 효력이 생긴다. 지정된 기일에 계약금이 입금되지 않으면 작성된 계약서는 임의 취소될 수 있다.

① 여행계약서 작성하기

여행 표준 계약서의 내용은 여행상품명과 여행 기간, 여행사의 공제 보험, 여행자 보험, 여행 인원 및 행사 최저 인원, 여행 지역, 여행 요금, 출발 일시 및 장소, 교통수단, 숙박시설, 식사 횟수, 여행 인솔자 및 현지 안내원 유무, 현지 교통 종류, 현지 여행사 유무, 여행 경비에 포함된 사항, 그리고 기타 사항 등이다. 여행 표준 계약서는 2003년 공정거래위원회의 심의에 따른 것이므로 이를 기준으로 하지만, 현행 여행사에서 사용하고 있는 계약서는 최근의 법령 개정 사항이나 권고 사항, 소비자 분쟁 방지 등을 고려하여 항목을 추가하여 사용하고 있다.

2014년 3월 18일 법무부가 여행자 보호를 위한 민법 일부 개정안이 국무회의를 통과하면서, 민법에 여행 계약편을 신설하여 여행자에게 여행 개시 전에는 언제든지 여행 계약을 해제할 수 있도록 하는 한편, 여행에 하자가 있는 경우 시정 청구권, 대금 감액 청구권, 손해 배상 청구권 등을 행사할 수 있도록 하고, 민법에 반하여 여행자에게 불리한 계약은 그 효력을 상실하도록 하였다(법무부 보도 자료, 2014년 3월 18일). 또 2011년 4월 「관광진흥법」 제14조의 개정에 따라 국외 여행상품 정보 제공 표준안을 마련하였고, 2014년 7월 14일 「항공법」 개정에 따라 항공 운임의 총액 표시제가 시행되므로 이에 맞추어 여행상품 가격 표시에 적용하고 있다.

여행계약서의 내용을 작성할 때는 해당 내용을 기입하거나 ☑로 표기하거나, (   )로 표기된 경우에는 선택하여 기록한다. 여행사의 보증 보험 가입 금액은 회사에서 기 가입한 금액을 확인한다.

◑ 여행계약서의 구성 항목

구 분	세부 구성 항목
여행 표준 계약서 (국외여행)	여행상품명, 여행 기간, 보험 가입 등^(공제 보험), 여행자 보험, 여행인원, 행사 최저 인원, 여행 지역, 여행 요금^(총액/계약금/잔액/입금 계좌), 출발 일시 및 장소, 교통수단, 숙박 시설, 식사 횟수, 여행 인솔자 및 현지 안내원 유무, 현지 교통 종류, 현지 여행사 유무, 여행 요금에 포함된 사항^(필수 항목/기타 선택 항목), 기타 사항과 비자 발급비
여행사별 추가 항목	예약 취소료 규정 • 약관 및 특별 약관 내용 설명에 대한 확인 또는 동의 절차 • 일정표 내용의 안내 확인 문구 등 • 호텔 등급 명시 기준 안내 • 방문 국가 해외여행 경보 단계 확인 안내 • 해외여행자 인터넷 등록제 이용 권장

◑ 계약서 내용 작성방법

항목	작성법
여행상품명	일정표상의 여행상품명을 그대로 기입한다.
여행 기간	일정표상의 여행 기간을 그대로 기입한다. 항공편을 확인하여 기내 숙박 일수와 현지 숙박 일수를 구분하여야 한다.
보험 가입 등	여행사의 영업 보증 보험 가입 내용을 확인하고 기입한다. 공제 가입과 예치가 있으며, 그 기준 금액은 여행 업종에 따라 다르다.
여행자 보험	보험 회사명, 최대 보상 금액 기준의 계약 금액을 기록한다. 보험 기간은 여행 기간과 같다. 피보험자는 계약자가 아니고 여행자이다.
여행 인원	여행 계약을 체결하는 인원, 즉 여행하는 고객의 인원이다.
행사 인원	행사 진행을 약속할 수 있는 최저 인원과 최대 인원의 규모이다.
여행 지역	기록란이 작아서 자세히 쓸 수가 없으므로 '일정표 참조'라고 주로 표기한다.
여행 요금	1인당 요금과 총액으로 나누어서 쓴다. 1인 계약인 경우 두 요금은 같지만, 동반자가 있을 경우 1인 요금 ×인원수로 총액을 계산한다. 총액의 10~20%를 계약금으로 하고, 나머지를 잔액으로 해서 잔액 완납일을 기록한다. 입금 계좌 번호는 회사 법인 통장의 계좌 번호를 쓴다^(여행사명이나 대표자 일 때만 유효하므로 표기하는 경우가 많다.).
	출발^(도착) 일시 장소, 교통수단, 숙박 시설, 식사 횟수, 여행 인솔자, 현지 안내원, 현지 교통, 현지 여행사, 기타 사항, 비자 발급비 위 항목은 일정표 및 원가 계산서를 확하고 기입한다.
여행요금 포함 사항	필수 항목 및 기타 선택 항목에 대해 일정표와 원가 계산서를 확인하고 기입한다.

Chapter 08 여행상품 계약 기출문제

01 다음 중 여행계약에서 필수적으로 제공해야 하는 서류가 <u>아닌</u> 것은?

① 여행계약서   ② 여행 일정표

③ 여행 약관   ④ 여행 쿠폰

★TIP   여행계약에서 계약서, 약관, 일정표는 필수적으로 제공해야 한다.

02 여행계약서와 관련된 내용 중 <u>틀린</u> 것은?

① 여행계약서의 작성은 계약금의 동시 납부를 전제한다.

② 여행 약관과 여행 일정표를 함께 제공하고 설명한다.

③ 계약서에 기재된 계약금이 지정된 기일에 여행사에 입금되지 않아도 효력이 발생된다.

④ 지정된 기일에 계약금이 입금되지 않으면 임의 취소 될 수 있다.

★TIP   지정된 일자에 계약금이 입금되어야 효력이 발생된다.

03 다음 중 여행표준계약서에 들어 갈 내용이 <u>아닌</u> 것은?

① 여행상품명, 여행기간, 인솔자 및 가이드 연락처

② 여행인원, 행사 최저인원, 여행 지역

③ 여행요금, 출발 일시, 출발 장소

④ 현지 교통 종류, 현지여행사 유무, 여행경비에 포함된 사항

★TIP   인솔자 및 가이드 연락처는 표준계약서 내용에 포함되지 않는다.

 **Answer**   1. ④   2. ③   3. ①

04 다음 중 계약서 작성 내용 방법 중 <u>아닌</u> 것은?

① 여행상품명: 일정표상의 여행상품 명을 기입한다.

② 여행 기간: 일정표상의 여행 기간을 기입한다.

③ 여행자 보험: 보험기간은 여행기간과 같다. 피보험자는 여행자가 아닌 계약자이다.

④ 행사 인원: 행사 진행을 약속 할 수 있는 최저 인원과 최대 인원의 규모이다.

TIP 여행자 보험의 피보험자는 여행을 가는 당사자이어야 한다.

05 다음 중 여행자 보험의 주요 보상내용이 <u>아닌</u> 것은?

① 여행 중 사고로 사망하거나 후유 장애가 남은 경우

② 상해나 질병으로 인하여 치료비가 발생한 경우

③ 여행 중 발생한 전염병을 포함한 질병으로 사망한 경우

④ 통화, 유가증권, 신용카드, 항공권을 분실 도난당했을 경우

TIP 통화, 유가증권, 신용카드, 항공권은 여행자 보험의 보상 대상에서 제외된다.

06 다음 아래의 내용은 국외여행 표준여행약관의 내용이다. 빈칸에 기입할 내용 중 <u>옳은</u> 것은?

> 제3조 용어의 정의
>
> 1. 기획여행: 여행사가 미리 (가) 및 (나), 여행자에게 제공될 운송 및 숙식서비스 내용(이하 '여행서비스'라 함), 여행요금을 정하여 (다) 또는 기타 방법으로 여행자를 모집하여 실시하는 여행

① (가: 여행 목적지), (나: 관광일정), (다: 광고)

② (가: 관광일정), (나: 여행 목적지), (다: 광고)

③ (가: 관광일정), (나: 여행 도착지), (다: 호객)

④ (가: 여행 목적지), (나: 숙박), (다: 광고)

 **Answer** 4. ③ 5. ④ 6. ①

07 다음 중 여행표준계약서 상의 세부 구성항목이 <u>아닌</u> 것은?

① 여행상품명
② 여행기간
③ 여행 지역
④ 결제방법

08 표준여행약관 제3조(용어의 정의)에서 용어와 정의의 내용으로 <u>맞는</u> 것은?

① 기획여행: 여행사가 미리 여행목적지 및 관광일정, 여행자에게 제공될 운송 및 숙식서비스. 여행요금을 정하여 광고 또는 기타 방법으로 여행자를 모집하여 실시하는 여행
② 희망여행: 여행사가 여행자로부터 소정의 수속대행요금을 받기로 약정하고, 여행자의 위탁에 따라 수속을 대행하는 것
③ 해외여행 수속대행: 여행자(개인 또는 단체)가 희망하는 여행조건에 따라 여행사가 운송 · 숙식 · 관광 등 여행에 관한 전반적인 계획을 수립하여 실시하는 여행
④ 패키지여행: 사증, 재입국, 허가 및 각종 증명서 취득에 관한 수속

09 표준여행약관 제4조(계약의 구성)에서 (   ) 안에 들어갈 내용으로 <u>맞는</u> 것은?

여행일정표(또는 여행설명서)에는 여행일자별 여행지와 (가), (나), (다), (라), 식사 등 여행 실시 일정 및 여행사 제공 서비스 내용과 여행자 유의사항이 포함되어야 한다.

① (가): 관광내용, (나): 교통수단, (다): 쇼핑횟수, (라): 숙박 장소
② (가): 관광내용, (나): 결제수단, (다): 쇼핑횟수, (라): 숙박 장소
③ (가): 관광내용, (나): 여권사본, (다): 결제수단, (라): 숙박 장소
④ (가): 여권사본, (나): 교통수단, (다): 쇼핑횟수, (라): 미팅 장소

 **Answer**   7. ④   8. ①   9. ①

10 표준여행약관 제4조(계약의 구성)에서 ( ) 안에 들어갈 내용으로 <u>맞는</u> 것은?

> 여행계약은 여행계약서(붙임)와 여행약관 · (   )를 계약내용으로 한다.

① 결제영수증

② 여권

③ 여행일정표

④ 여권용 사진

★TIP 여행일정표는 계약의 구성에 해당된다.

11 표준여행약관 제9조(최저행사인원 미 충족 시 계약해제)에서 ( ) 안에 들어갈 내용으로 <u>맞는</u> 것은?

> 여행사는 최저행사인원이 충족되지 아니하여 여행계약을 해제하는 경우 여행출발
> (   )전까지 여행자에게 통지하여야 한다.

① 10일

② 7일

③ 9일

④ 14일

12 표준여행약관 제9조(최저행사인원 미 충족 시 계약해제)에서 ( ) 안에 들어갈 내용으로 <u>맞는</u> 것은?

> 여행사가 여행참가자 수 미달로 전항의 기일 내 통지를 하지 아니하고 계약을 해제
> 하는 경우 이미 지급받은 계약금 환급 이외에 다음 각 목의 1의 금액을 여행자에게
> 배상하여야 한다.
> 가. 여행출발 1일전까지 통지 시: 여행요금의 (   )

① 20%

② 40%

③ 50%

④ 30%

Answer 10. ③ 11. ② 12. ④

13 표준여행약관 제9조(최저행사인원 미 충족 시 계약해제)에서 (   ) 안에 들어갈 내용으로 <u>맞는</u> 것은?

> 여행사가 여행참가자 수 미달로 전항의 기일내 통지를 하지 아니하고 계약을 해제하는 경우 이미 지급받은 계약금 환급 이외에 다음 각 목의 1의 금액을 여행자에게 배상하여야 한다.
> 나. 여행출발 당일 통지 시: 여행요금의 (   )

① 20%   ② 40%

③ 50%   ④ 30%

14 표준여행약관 제10조(계약체결 거절)에서 (   ) 안에 들어갈 내용으로 <u>맞는</u> 것은?

> 여행사는 여행자에게 다음 각 호의 1에 해당하는 사유가 있을 경우에는 여행자와의 계약체결을 거절할 수 있습니다.
> 1. 다른 여행자에게 (   ) 인정될 때

① 폐를 끼치거나 여행의 원활한 실시에 지장이 있다고 인정될 때

② 폐를 끼치거나 여행의 원활한 실시에 지장이 없다고 인정될 때

③ 즐거움을 주고 여행의 원활한 실시에 지장이 있다고 인정될 때

④ 즐거움을 주고 여행의 원활한 실시에 지장이 없다고 인정될 때

15 표준여행약관 제11조(여행요금)에서 (   ) 안에 들어갈 내용으로 <u>맞는</u> 것은?

> ② 여행자는 계약체결 시 계약금(이하 금액)을 여행사에게 지급하여야 하며, 계약금은 여행요금 또는 손해배상액의 전부 또는 일부로 취급합니다.

① 20%   ② 40%

③ 50%   ④ 10%

 13. ③   14. ①   15. ④

16 표준여행약관 제12조(여행요금의 변경)에서 (   ) 안에 들어갈 내용으로 <u>맞는</u> 것은?

> 국외여행을 실시함에 있어서 이용운송 · 숙박기관에 지급하여야 할 요금이 계약체결시보다 (가)이상 증감하거나 여행요금에 적용된 외화환율이 계약체결 시 보다 (나) 이상 증감한 경우 여행사 또는 여행자는 그 증감도니 금액 범위 내에서 여행요금의 증감을 상대방에게 청구할 수 있다.

① (가) : 5%, (나) : 2%　　　　　② (가) : 2%, (나) : 5%

③ (가) : 5%, (나) : 7%　　　　　④ (가) : 10%, (나) : 10%

17 표준여행약관 제12조(여행요금의 변경)에서 (   ) 안에 들어갈 내용으로 <u>맞는</u> 것은?

> 여행사는 제1항의 규정에 따라 여행요금을 증액하였을 때에는 여행출발일 (   ) 전에 여행자에게 통지하여야 한다.

① 7일　　　　　　　　　　　② 14일

③ 15일　　　　　　　　　　　④ 10일

18 표준여행약관 제13조(여행조건의 변경요건 및 요금 등의 정산)에서 (   ) 안에 들어갈 내용으로 <u>맞는</u> 것은?

> ② 제1항의 여행조건 변경 및 제12조의 여행요금 변경으로 인하여 제11조제1항의 여행요금에 증감이 생기는 경우에는 여행출발 전 변경 분은 여행출발 이전에, 여행 중 변경 분은 여행종료 후(   ) 이내에 각각 정산(환급)하여야 한다.

① 7일　　　　　　　　　　　② 14일

③ 15일　　　　　　　　　　　④ 10일

 Answer　16. ①　17. ③　18. ④

19 표준여행약관 제14조(손해배상)에서 (   ) 안에 들어갈 내용으로 맞는 것은?

> 여행사의 귀책사유로 여행자의 국외여행에 필요한 사증, 재입국 허가 또는 각종 증명서 등을 취득하지 못하여 여행자의 여행일정에 차질이 생긴 경우 여행사는 여행자로부터 절차대행을 위하여 받은 금액 전부 및 그 금액의 (   ) 상당액을 여행자에게 배상하여야 한다.

① 30% ② 50%

③ 200% ④ 100%

20 표준여행약관 제15조(여행출발 전 계약해제)에서 여행사가 해제할 수 있는 경우의 내용으로 틀린 것은?

① 제13조제1항제1호 및 제2호 사유에 경우

② 여행자가 다른 여행자에게 폐를 끼치거나 여행의 원활한 실시에 지장이 없다고 인정될 때

③ 질병 등 여행자의 신체에 이상이 발생하여 여행에 참가가 불가능한 경우

④ 여행자가 계약서에 기재된 기일까지 여행요금을 납입하지 아니한 경우

21 표준여행약관 제15조(여행출발 전 계약해제)에서 여행자가 해제할 수 있는 경우의 내용으로 틀린 것은?

① 제13조제1항제1호 및 제2호 사유에 경우

② 여행자의 3촌 이내 친족이 사망한 경우

③ 질병 등 여행자의 신체에 이상이 발생하여 여행에 참가가 불가능한 경우

④ 여행자의 4촌 이내 친족이 사망한 경우

Answer 19. ④ 20. ② 21. ④

22 여행계약서에 표기되지 <u>않는</u> 내용은?

① 최소출발인원　　　　　　　　② 여행인원

③ 현지가이드 및 비상연락망　　　④ 식사 횟수

23 여행계약서에 표시된 여행상품의 필수포함 항목이 <u>아닌</u> 것은?

① 관광 진흥 개발 기금

② 안내자 경비

③ 국내외 공항 · 항만세

④ 여행자보험

24 여행자 보험의 보상내역에서 배상책임손해에 해당되는 것은?

① 타인의 재물을 멸실, 훼손시킴으로써 법률 배상 책임을 부담하게 될 경우

② 여행 도중 우연한 사고로 상해를 입어 의사의 치료를 받는 경우

③ 해외여행 도중 우연한 사고로 휴대품에 손해가 생길 경우

④ 여행 도중 탑승한 항공기나 선박이 조난^(또는 행방불명)당한 경우

25 다음 여행자보험에 관한 설명이 <u>잘못된</u> 것은?

① 여행자보험은 휴대품 분실사고도 보상해 준다.

② 여행 중 당한 사고로 인한 치료비는 귀국해서도 180일 까지는 지급된다.

③ 특별비용손해는 조난당한 여행자의 가족이 사고지역으로 갈 경우 항공료와 호텔비도 보상해 준다.

④ 배상책임손해는 여행 도중 우연한 사고로 타인에게 신체장애를 입힌 경우 보상해 준다.

 Answer　22. ③　23. ④　24. ①　25. ①

여행고객 관리

여행고객 관리

1. 여행정보 자료제공

1) 현지 여행정보 제공

- 고객이 방문하게 될 여행지에 대한 다양한 현지 상황이나 여행에 필요한 정보를 고객에게 제공하여 고객이 불편 없이 유익한 여행을 할 수 있도록 해야 함
- 현지에 대한 최신정보 제공이 가능하도록 주기적으로 여행정보 업데이트 관리가 필요함
- 현지 여행정보는 관광, 자연, 정치, 경제, 사회, 문화 등으로 구분

2) 특별 여행상품 제공

- 특별 여행상품이란 특정분야의 주제에 관심과 필요성을 느끼는 고객들을 위해 개발·구성된 특수목적 여행상품(special interest travel product)을 말함

문화적 목적	역사 유적 및 유물 탐방, 종교 순례, 식도락, 축제, 공연, 스포츠관람, 건축 및 문학 탐방, 오지 문화 탐방
건강 목적	미용치료, 온천관광, 휴양림 산림욕, 레저 스포츠, 의료관광
자연환경 목적	스로시티관광, 생태관광, 녹색저탄소관광, 오지자연탐방
사업·교육 목적	상용관광, 기업연수, 학회세미나, 수학여행, 어학연수, 팜스테이, 현장체험학습관광, MICE(회의 참가, 인센티브투어, 컨벤션, 전시회 및 박람회 참가)관광
오락·휴양 목적	열차 관광, 크루즈 관광, 리조트 관광, 테마파크 관광

3) 여행정보 제공

- 여행상품을 구매하려는 고객에게 여행정보를 탐색하고 스스로 구매 의사결정을 할 수 있도록 지원하기 위해서는 여행정보를 시스템화해야 함
- 여행정보 제공 채널: 광고 및 홍보, 이벤트 행사, 다양한 인쇄물, 온라인망(홈페이지, 카페 및 블로그, SNS망 활용) 활용

4) 여행지 안전정보 제공

- 고객이 여행지에서 발생이 예측되는 여러 가지 위험상황으로부터 보호받거나 대처하고 해소할 수 있도록 사전에 안전에 관련된 정보를 제공
- 안전정보는 신체적 안전, 경제적 손실 예방, 기타 사회문화적 차이에 따른 불편함 예방에 관한 내용으로 구성

2. 여행 사후관리

1) 고객 감사인사

- 감사인사는 고객이 우리 여행상품을 구입하고 이용해 준데 대한 감사의 마음을 전하는 것임
- 감사인사는 고객과의 거래관계가 마감된 이후에 실시되는 After Care로 고객은 더욱 감동을 받게 됨
- 감사인사 채널: 유무선 전화, 문자, 편지, 이메일, SNS, 카페&블로그

2) 고객 클레임(claim) 파악과 대처

- 고객이 제공받은 여행서비스에 대해 느끼는 불편 또는 불만사항의 표출
- 클레임은 고객이 스스로 정한 기대수준에 못 미쳤다고 판단될 때 발생

- 고객 클레임 처리 5단계: 불편에 대한 사과 → 공감 및 경청 → 진상조사와 원인분석 → 신속한 해결과 대안의 제시 → 긍정적 마무리
- 클레임 처리: 사람을 바꾼다, 장소를 바꾼다, 시간을 바꾼다.
- 고객응대 시, 고객상담 및 예약 시, 여행 출발 전 클레임 발생사례별 대처요령 숙지

3) 여행후기 작성

- 여행후기란 고객이 여행을 마치고 난 후 자신의 여행 경험에 대한 느낌이나 소감을 사진 등을 포함하여 글로 작성하는 것을 말함
- 현대사회에서 고객들은 다양한 커뮤니케이션 채널을 통하여 여행후기를 작성하고 공유하는 것을 즐기고 있음
- 여행후기 작성 채널: 여행사 홈페이지, 카페 및 블로그, SNS망, 신문/방송 기고

3. 재방문 고객 창출

1) 고객정보 리스트 작성과 관리

- 고객정보 리스트는 우리 여행사를 이용하는 고객에 대한 프로파일 정보
- 고객정보 리스트는 일정 기준 하에 구분하고 정리하여 자료화 한 것으로 단골고객 관리의 가장 중요한 자료
- 고객정보 리스트는 수시 또는 정기적으로 갱신, 보완, 수정하여 여행사의 다양한 여행상품 재구매 고객으로 창출될 수 있도록 활용
- 고객정보 리스트 구분 기준: 인구통계적 특성, 여행상품 구매 특성 및 행태, 기타 부가적 정보
- 고객정보 리스트 질 관리: 고객정보의 주기적 갱신과 보완, 고객정보 수집 프로세스 구축, 고객정보 활용에 대한 교육훈련 실시
- 고객정보 리스트 관리는 어느 한 부서의 노력만으로는 질 관리 목표달성이 어려우므로 전사적 통합적 관리가 필요함

2) 새로운 여행상품 정보제공

- 새로운 여행상품이란: 점점 더 다양해지고 있는 고객들의 욕구를 충족시키기 위해 독특하고 유인력 있는 매력과 차별성을 지닌 여행에 필요한 재화와 서비스의 새로운 결합물
- 새로운 여행상품 개발의 필요성: 다양하고 새로운 것을 추구하는 고객들의 여행욕구 충족에 기여, 여행시장의 끊임없는 변화에 대응할 수 있는 경쟁력 확보, 여행사의 점유율 증대 및 매출액 증가의 견인차 역할, 기존 단골고객에게 새로운 여행수요 창출 및 신규고객 개척에 기여
- 새로운 여행상품의 구분
  - 기획여행상품: 여행사에서 패키지여행상품을 개발한 후 개별관광객 모집
  - 공동기획 여행상품: 여행상품 의뢰측과 주최측이 협의 하에 개발된 상품
  - 부분기획 여행상품: 숙박시설이나 교통시설 등 부분으로 구성
  - 개별구매 여행상품: 고객이 구성요소를 선택하여 구성하는 주문형 상품
- 새로운 여행상품 정보제공은 구매촉진이 이뤄질 수 있는 매력적인 요소를 중심으로 고객에게 적극적으로 정보제공
- 정보제공 채널: 신문이나 방송광고, 인터넷망(이메일, SNS(페이스북, 카카오톡, 텔레그램, 밴드 등), 홈페이지 팝업창, 카페 & 블로그 등), 통신망(우편, 유무선 전화통화, 문자 전송 등)

3) 고객과 정기적 소통

① 소통은 송수신자 상호간에 이루어지는 정보의 전달, 생각이나 가치 등의 교환 및 공유 혹은 일치를 이루게 하는 커뮤니케이션 과정
② VOC는 여행상품에 대한 문의, 상담, 예약, 클레임 제기 및 처리, 직원 칭찬이나 격려 등에 대한 다양하게 접수되는 '고객과의 소통의 장'
③ VOC 정보의 특징
  ⓐ 고객의 반응을 신속하게 파악할 수 있는 정확하고 구제적인 내용
  ⓑ 설문조사보다 가치 있는 생생한 현장의 상황을 담은 정보
  ⓒ 다양하고 풍부하며 비정형적인 정보

④ VOC 채널

ⓐ 온라인 채널

ⓑ 고객접점 직원 채널

ⓒ 외부 채널(소비자보호단체, 국가인권위원회, 법원 등)

여행고객 관리 기출문제

01 여행 현지정보 제공은 고객에게 처음 방문하는 여행지에 대한 (   )이나 불확실성을 해소시킬 수 있다. (   )에 들어갈 말은?

① 신바람　　　　　② 즐거움　　　　　③ 두려움　　　　　④ 쓸쓸함

02 관광자원에 대한 여행 현지정보 제공에 대한 사항과 <u>다른</u> 것은?

① 미술관, 박물관, 축제, 공연 이벤트 등 구경거리 정보
② 정치이념, 정치제도, 정치상황^(분쟁국 여부 등) 정보
③ 식음료문화의 독특성과 호텔이용의 특성에 대한 정보
④ 산악이나 해양 스포츠 활동, 테마파크 체험활동에 대한 정보

03 경제적 자원에 대한 여행 현지정보 내용은?

① 산업발전 및 경제력 수준^(선진국 여부), 국민소득 수준
② 교육수준, 국민복지 수준, 교통 및 인터넷 인프라 수준
③ 역사, 문화유산 및 유물의 보존, 문화예술의 발전 수준
④ 정치이념, 정치제도, 법률, 치안안정 수준

04 사회적 자원에 대한 여행 현지정보 내용이 <u>아닌</u> 것은?

① 다민족 국가여부　　　　　　　② 국민복지 수준
③ 현지여행 편의성 정도　　　　　④ 여행경비 준비량

Answer　1. ③　2. ②　3. ①　4. ④

05 (　　　) 환경은 여행 현지의 역사, 예술, 언어, 예법 등 생활양식의 총체이다.
(　　　)에 들어갈 말은?

① 경제적　　　　　　　　　② 문화적
③ 사회적　　　　　　　　　④ 정치적

06 특별 여행상품(SIT) 개발 배경에 대한 설명으로 적절하지 <u>않는</u> 것은?

① 일반여행상품 선호도가 높음
② 소득 및 교육수준이 향상
③ 여가시간의 증가와 정보통신 기술 발달
④ 고객의 여행욕구가 점점 다양해지고 있음

07 특별 여행상품이란 특정분야의 주제로 개발 구성된 (　　　) 여행상품을 말한다.
(　　　) 에 들어갈 말은?

① 생활목적　　　　　　　　② 건강목적
③ 특수목적　　　　　　　　④ 체험목적

08 특별 여행상품에 관심을 가지는 고객들의 특성으로 옳지 <u>않은</u> 것은?

① 개인적인 성향이 강한 자　　② 고소득자
③ 여행경험이 많은 자　　　　④ 여행 동기가 수동적인 자

09 특별 여행상품 분류 구분과 내용의 연결이 맞지 <u>않는</u> 것은?

① 문화적 목적 – 하이킹　　　② 건강 목적 – 온천관광
③ 자연환경 목적 – 생태탐방　④ 오락휴양 목적 – 테마파크

Answer　5. ②　6. ①　7. ③　8. ④　9. ①

10 고객의 입장에서 사업·교육 목적 여행상품의 내용으로 옳은 것은?

> 가. 상용관광,   나. 학회세미나,   다. 의료관광,   라. 인센티브투어

① 가, 나, 다
② 나, 다, 라
③ 가, 나, 라
④ 가, 다, 라

11 건강목적 여행상품과 관련이 없는 것은?

① 휴양림 삼림욕
② 오지자연 탐방
③ 레저 스포츠 체험
④ 의료관광

12 여행정보 분류체계 구성 〉 (   ) 〉 여행정보 활용시스템 구축 〉 여행정보시스템 가동 및 개선. (   )에 들어갈 말은?

① 여행정보 DB구축
② 여행정보 자료구축
③ 여행정보 프로세스 구축
④ 여행정보 인터넷망 구축

13 고객에게 여행정보를 온라인으로 제공하는 원천이 아닌 것은?

① 인터넷 홈페이지
② TV방송
③ 카페&블로그
④ SNS

14 여행정보 제공 매체 연결이 잘못된 것은?

① 인쇄매체 – 여행사 브로셔
② 방송매체 – IPTV
③ 인적매체 – 홍보물
④ 이벤트매체 – 여행박람회

Answer   10. ③   11. ②   12. ①   13. ②   14. ③

15 아래 그림의 외교부 국가별 여행경보에서 여행금지 수준은?

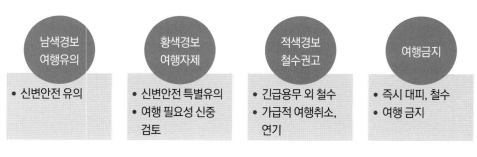

① 회색경보
③ 녹색경보
② 자색경보
④ 흑색경보

16 여행지 안전정보 제공 내용으로 적합하지 <u>않는</u> 것은?

① 치안관리(절도, 소매치기, 강도, 폭력, 납치 등) 수준에 대한 정보
② 물가수준, 현지 환율 및 환전 수수료에 대한 정보
③ 경제적 이득을 챙길 수 있는 자료제공에 대한 정보
④ 문화적 차이에 따른 이질감, 불편함, 심리적 불안감에 대처하는 정보

17 여행 후 감사 인사의 필요성에 대한 설명으로 적절하지 <u>않는</u> 것은?

① 고객과의 관계를 지속적으로 유지시키기 위함
② 고객을 단골고객화 할 수 있음
③ 친절하고 서비스마인드가 좋은 여행사 이미지를 심어 줄 수 있음
④ 저가상품이 풍부한 여행사로 자리매김 될 수 있음

18 감사인사 '채널-내용' 연결이 <u>옳은</u> 것은?

① 유선전화 – 화상 감사인사
③ 편지 – 수기로 작성 불필요
② 문자 – 육성 전송
④ 이메일 – 사진첨부 가능

19 감사인사 내용으로 적절하지 <u>않는</u> 것은?

① 여행지에서 일어난 사건에 대한 내용
② 개별적으로 고객과 있었던 좋은 추억을 상기시키는 내용 언급
③ 불미스러운 사항이 있었다면 개선의 의지를 전달시키는 내용
④ 추억이 담긴 사진이나 동영상의 전달

20 고객 클레임에 대한 설명으로 적절하지 <u>않는</u> 것은?

① 고객이 제공받은 여행서비스에 대해 느끼는 불편 불만의 표출
② 클레임은 고객이 정한 기대수준에 다다랐다고 판단될 때 발생
③ 고객 클레임을 잘 처리하면 오히려 충성고객으로 전환됨
④ 고객 클레임 처리수준이 해당 여행사의 서비스 품질수준임

21 고객 클레임 처리 5단계 순서가 <u>옳은</u> 것은?

① 사과 – 공감 및 경청 – 신속한 해결 – 진상조사 및 분석 – 마무리
② 사과 – 진상조사 및 분석 – 공감 및 경청 – 신속한 해결 – 마무리
③ 사과 – 공감 및 경청 – 진상조사 및 분석 – 신속한 해결 – 마무리
④ 사과 – 진상조사 및 분석 – 공감 및 경청 – 신속한 해결 – 마무리

22 고객 클레임 처리 3변주의가 <u>아닌</u> 것은?

① 사람을 바꾼다.
② 식사를 바꾼다.
③ 장소를 바꾼다.
④ 시간을 바꾼다.

 **Answer** 19. ① 20. ② 21. ③ 22. ②

23 고객 유형에 따른 클레임 처리요령으로 옳은 것은?

① 빨리빨리형 - 경청하고, 맞장구 치고, 추켜세우고 설득하는 방법
② 트집을 잡는 까다로운 형 - 정중하게
③ 싹싹하고 쾌활한 명랑형 - 예스/노를 분명히
④ 의심이 많은 형 - 정중하고 온화하게

24 고객 클레임 발생을 예방하는 내용으로 틀린 것은?

① 클레임 처리를 해당 직원이 전적으로 책임 처리하도록 함
② 해당 직원 고객응대 교육훈련 프로그램 실시
③ 여행서비스 품질평가제 시행
④ 고객 클레임 발생빈도를 인사고과에 반영

25 다음 클레임 사례 중 고객 상담 및 예약시점에서 발생되는 것이라고 볼 수 없는 것은?

① 여행상품 계약사항에 없는 다른 고객의 합류
② 여행일정 변경사항 미고지
③ 예약오류, 기록누락, 부정확한 정보제공
④ 여권, 비자 입력 오류

26 (   )란 고객이 여행을 마치고 난 후 자신의 여행 경험에 대한 느낌이나 소감을 사진 등을
포함하여 글로 작성하는 것을 말한다. (   )에 들어갈 말은?

① 여행전기   ② 여행중기
③ 여행후기   ④ 여행말기

27 여행후기 작성의 필요성에 대한 설명으로 틀린 것은?

① 여행후기는 동일한 장소로 여행을 준비하고 있는 사람들에게 소중한 자료

② 여행사 고객관리 차원에서 후기작성 요청을 할 필요가 있음

③ 여행사 단골고객화에는 별다른 도움을 주지 못함

④ 후기작성 동기부여를 위해 경품행사를 진행하는 것도 좋은 방법

28 여행후기 작성 채널 중 실시간 및 수시 정보교환이 가장 활발하게 이루어지는 채널은?

① 여행사 홈페이지

② SNS

③ 신문/방송기고

④ 카페&블로그

29 여행후기 작성 '채널–특징'의 연결이 옳지 <u>않는</u> 것은?

① 여행사 홈페이지 – 고객관리가 용이하고 여행사 홍보에 유리

② 카페 및 블로그 – 회원들간 진정성 있는 의견교환이 불가

③ SNS – 양방향 통신이 실시간 및 수시로 가능

④ 신문/방송 – 일반인들은 '여행후기' 경모행사에 참여 가능

30 여행 출발전 공항에서 발생될 수 있는 클레임 사례와 거리가 <u>먼</u> 것은?

① 출발 전 확정일정 미통보

② 공항 미팅장소 불일치

③ 항공 지연 및 결항

④ CIQ절차에 대한 정보제공 미흡

★TIP   CIQ: 세관검사, 출입국심사, 보안검색 업무를 지칭

Answer   27. ③   28. ②   29. ②   30. ①

31 고객정보 리스트 작성에 대한 설명으로 옳지 <u>않은</u> 것은?

① 고객정보 리스트는 여행사를 이용하는 고객에 대한 프로파일 정보

② 고객정보 리스트는 일정 기준 하에 구분하고 정리하여 자료화 한 것

③ 고객접점 부서에서는 고객정보를 수집, 갱신, 보완할 수 없음

④ 고객접점 부서에서는 고객정보를 수집, 갱신, 보완할 수 있음

32 우리나라는 (   )에 의거 고객정보를 수집 및 갱신, 보완 등이 불가능하다. (   )에 들어갈 말은?

① 헌법

② 관광진흥법

③ 민법

④ 개인정보보호법

33 고객정보 리스트 작성 구분 시 여행상품 구매 특성 및 형태 기준에 따른 내용으로 <u>옳은</u> 것은?

가. 여행상품 유형,   나. 구매 가격,   다. 주거수준,   라. 구매 빈도

① 가, 나, 다   ② 나, 다, 라

③ 가, 나, 라   ④ 가, 다, 라

34 인구통계적 특성 기준에 따른 고객정보 리스트 작성사항에 대한 내용으로 적합하지 <u>않은</u> 것은?

① 만족도 수준   ② 성, 연령

③ 직업   ④ 혼인여부

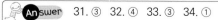 Answer   31. ③   32. ④   33. ③   34. ①

35 고객정보 리스트 질 관리에 대한 설명으로 옳지 <u>않은</u> 것은?

① 고객정보 리스트는 주기적으로 갱신과 보완이 이루어져야 한다.

② 고객정보 수집 프로세스를 구축해야 한다.

③ 고객정보 관리에 대한 교육훈련을 실시해야 한다.

④ 고객정보는 인터넷 등 다양한 통로를 통해 매입해야 한다.

36 고객정보 리스트의 효율적인 질 관리를 위해서 고객정보 리스트는 (   ) 관리가 필요하다. (   )에 들어갈 말은?

① 전사적 통합적 관리

② 영업부서에서 관리

③ 판매부서에서 관리

④ 영업사원 개인별 관리

37 새로운 여행상품 개발의 필요성에 대한 설명으로 옳지 <u>않은</u> 것은?

① 다양하고 새로운 것을 추구하는 고객들의 여행욕구 충족에 기여

② 여행시장의 끊임없는 변화에 대응할 수 있는 경쟁력 확보

③ 기존 단골고객에게는 전통적인 여행상품이 더 효과적

④ 여행사의 점유율 증대 및 매출액 증가의 견인차 역할

38 새로운 여행상품은 점점 다양해지고 있는 고객들의 욕구를 충족시키기 위해 (   ) 있는 매력과 차별성을 지녀야 한다. (   )에 들어갈 말은?

① 친절한 서비스가

② 독특하고 유인력

③ 가격 경쟁력

④ 숙식 편리함이

Answer   35. ④   36. ①   37. ③   38. ②

39 새로운 여행상품 구성요소 분류 기준에 따른 내용 연결이 적절하지 <u>않은</u> 것은?

① 관광자원: 자연 관광자원, 체험활동형 관광자원

② 숙박시설: 등급별 호텔, 콘도미니엄, 홈스테이, 민박

③ 금융 및 보험: 비자, 관세, 크루즈, 출입국관리

④ 쇼핑정보: 특산품, 기념품, 생활기초용품

40 여행상품 의뢰측과 주최측이 상호 협의 하에 개발된 여행상품은?

① 기획여행상품

② 부분기획 여행상품

③ 개별구매 여행상품

④ 공동기획 여행상품

41 새로운 여행상품의 판매를 촉진하기 위한 효율적인 정보제공 방법에 대한 내용으로 옳지 <u>않은</u>
것은?

① 여행상품의 매력적인 요소를 중심으로 고객에게 정보제공

② 새로운 여행상품은 단골고객보다는 신규고객중심으로 정보제공

③ 새로운 여행상품의 특성, 매력점, 편리성, 옵션, 혜택 등을 부각시킴

④ 고매 단계별로 필요한 정보를 적시에 제공

42 여행상품 정보제공 채널 중 인터넷망 채널과 관련이 <u>없는</u> 것은?

① 스마트폰 문자전송　　　　　　② 이메일 발송

③ 카페 & 블로그 업로드　　　　　④ SNS

 Answer　39. ③　40. ④　41. ②　42. ①

43 고객과의 소통에 대한 설명으로 옳지 <u>않은</u> 것은?

① 소통은 송신자와 수신자 상호간에 이루어지는 정보의 전달

② 소통은 생각이나 가치 등의 교환 및 일치를 이루게 하는 커뮤니케이션 과정

③ 다양한 커뮤니케이션 채널을 통해 고객과 자주 소통해야 함

④ 고객과의 관계단절을 위해 정기적으로 소통하고자 노력해야 함

44 VOC(voice of customers: 고객의 소리)의 특징에 대한 설명으로 옳지 <u>않은</u> 것은?

① 고객의 반응을 신속하게 파악할 수 있다.

② 설문조사보다는 가치가 떨어지는 정보이다.

③ 생생한 고객 현장의 상황을 담은 정보이다.

④ 다양하고 풍부하며 비정형적인 정보이다.

45 VOC(voice of customers: 고객의 소리) 관리에 대한 설명으로 적절하지 <u>않은</u> 것은?

① VOC 관리 프로세스를 검토하고 개선해야 함

② VOC 관리를 위해 분류 체계를 시스템화해야 함

③ 회사 내 VOC 채널 위주로 분석 관리해야 함

④ 경쟁 여행사의 VOC 채널도 일정 주기로 모니터링해야 함

46 다음은 어떤 VOC(voice of customers: 고객의 소리) 채널에 대한 설명인가?

고객과 통화하면서 취득하게 된 고객의 소리

① 고객접점 직원의 채널   ② 온라인 채널

③ 외부 채널   ④ SNS 채널

Answer   43. ④   44. ②   45. ③   46. ①

여행상품상담사 자격증 시행규정

여행상품상담사 자격증 관리·운영 규정

(최근 개정일:2017년 02월 08일)

제1장 총 칙

제1조(목적) 이 규정은 (사)한국여행서비스교육협회(이하 '협회'라 한다)에서 국가직무능력표준(NCS)기반 여행상품상담사 자격증 제도를 시행하기 위하여 필요한 사항에 대하여 규정함을 목적으로 한다.

제2조(용어의 정의) 이 규정에서 사용하는 용어의 정의는 다음과 같다.

1. '시험위원'이라 함은 출제위원, 감수위원, 본부위원, 책임관리위원, 시설관리위원, 보조위원, 시험감독위원, 복도감독위원, 방송통제위원, 채점위원, 독찰위원을 말한다.

2. '답안지'라 함은 검정 시행종목 중 수작업에 의하여 채점되는 필기시험 답안지 (주관식 시험문제지 포함) 및 시험 시행 시 순수 필답형으로 시행하는 종목의 답안지를 말한다.

3. '비번호'라 함은 답안지 채점의 공정을 기하기 위하여 답안지 및 작품이 어느 수험자의 것인가를 알지 못하도록 답안지 숫자 또는 문자로 표시하는 비밀부호를 말한다.

제3조(적용대상) 이 규정은 검정을 시행하는 협회 소속 직원과 검정 관련업무 종사자(시험위원 등) 및 기타 검정업무와 관련이 있는 자(수험자 등)에게 적용한다.

제2장 업무구분

제4조(검정업무의 구분)

① 협회는 자격증의 검정업무 전반을 주관·시행하며, 다음 각 호의 업무를 수행한다.

1. 검정시행계획의 수립 및 공고에 관한 사항

2. 검정 출제기준의 작성 및 변경에 관한 사항

3. 검정업무의 기획, 제도개선에 관한 사항

4. 시험위원의 위촉 · 활용에 관한 사항

5. 검정 시험문제의 출제 · 관리 및 인쇄 · 운송에 관한 사항

6. 필기시험 답안지의 채점 및 합격자 사정에 관한 사항

7. 합격자 관리 및 자격수첩 발급 · 관리에 관한 사항

8. 검정사업 일반회계 운영에 관한 사항

9. 기타 자격증 업무와 관련된 사항

② 시행 주관팀(부)에서는 다음 각호의 업무를 수행한다.

1. 수험원서 교부 · 접수, 수험연명부 작성 및 안내에 관한 사항

2. 검정 세부실시계획 수립 및 운영에 관한 사항

3. 검정집행업무(시험장 준비, 시험위원 배치, 시험시행 등)와 관련된 사항

4. 합격자 명단 게시공고 및 자격수첩 교부에 관한 사항

5. 시험위원 추천 및 위촉업무에 관한 사항

6. 부정행위자 처리에 관한 사항

7. 검정수수료 수납에 관한 사항

8. 기타 검정사업의 집행업무와 관련된 사항

제3장 검정기준 및 방법

제5조(자격증의 취득) 본 협회의 자격증을 취득하고자 하는 자는 시험에 응시하여 합격하여야 한다.

제6조(자격종목) 자격의 종목은 1 종목으로 하며 종목명은 '여행상품상담사자격증'이다.

제7조(검정의 기준) 검정의 기준은 다음과 같다.

자격종목	등급	검정기준
여행상품상담사 자격증	1급	전문가 수준의 뛰어난 여행상품상담 활용능력을 가지고 있으며, 여행상담 업무의 책임자로써 갖추어야 할 능력을 갖춘 최고급 수준
	2급	준전문가 수준의 여행상품상담 활용능력을 가지고 있으며, 여행상담 수준이 상급 단계에 도달하여 한정된 범위내에서 여행상담업무를 수행할 기본 능력을 갖춘 상급 수준

제8조(검정의 방법)

① 검정은 필기시험으로 시행한다.

② 필기시험의 방법은 다음과 같다.

　1. 시험과목은 자격종목에 따라 출제기준에 정한 과목으로 한다.

　2. 시험형태는 4지 또는 5지선다 객관식 및 주관식 혼용으로 한다.

　3. 과목별 시험문항 수 및 시험시간은 [별표1]과 같다.

제9조(응시자격)

① 응시자격은 다음과 같다.

등급	응 시 자 격
1급	- 연령: 제한없음 - 학력: 제한없음 - 기타사항 1. 응시하고자 하는 종목의 직무분야에서 1년 이상 실무에 종사한 자 2. 해당 종목의 2급 자격을 취득하고, 응시하고자 하는 종목의 직무분야에서 6개월 이상 실무에 종사한 자 3. 『고등교육법』에 따른 전문대학 이상 또는 다른 법령에서 이와 동등 이상의 교육기관에서 관광관련 교육경력 5년 이상인 자

등급	응 시 자 격
2급	- 연령: 제한없음 - 학력: 제한없음 - 기타사항 1. 관광관련 전공자가 아닌 자는 본 협회에서 정하여 고시하는 교육기관에서 여행상품상담사 교육과정을 45시간 이상 이수한 자 2. 고등교육법』에 따른 전문대학 이상 또는 다른 법령에서 이와 동등 이상의 학력이 인정되는 교육기관의 관광관련학과에서 2학기 이상 수강한자 또는 졸업자 3. 관광고등학교를 졸업한자

제10조(검정의 일부 면제)

① 『고등교육법』에 따른 전문대학 이상 또는 다른 법령에서 이와 동등 이상의 학력이 인정되는 교육기관의 관광관련학과의 2학기 이상 수강한자 또는 졸업자는 여행상품상담사 교육 45시간을 면제한다.

② 관광고등학교를 졸업한자는 여행상품상담사 교육 45시간을 면제한다.

제11조(합격결정 기준)

① 2급 검정 필기시험은 100점 만점 기준 점수가 60점 이상인 자를 합격자로 결정한다.

② 1급 검정 필기시험은 100점 만점 기준 점수가 90점 이상 인자를 합격자로 결정한다.

제4장 수험원서

제12조(검정안내)

① 협회는 검정의 종목, 수험자격, 제출서류, 검정방법, 시험과목, 검정일시, 검정장소 및 수험자 유의사항 등을 포함한 검정안내서를 작성 배포할 수 있다.

② 협회의 모든 직원들은 수험자로부터 검정시행에 관한 문의가 있을 때에 이에 성실히 응답하여야 한다.

제13조(수험원서 등)

시험에 응시하고자 하는 자는 수험원서 및 응시자격 관련서류를 제출하여야 한다.

제14조(원서교부)

① 수험원서(이하 '원서'라 한다)는 공휴일 및 행사일을 제외하고는 연중 교부한다.

② 원서는 1인 1매씩 교부함을 원칙으로 하되, 단체교부도 할 수 있다.

제15조(원서접수)

① 원서접수, 검정수수료(이하 '수수료'라 한다) 수납업무는 복무규정의 근무시간 내에 한함을 원칙으로 한다.

② 원서는 주관팀 및 협회에서 접수함을 원칙으로 한다. 다만, 대표가 필요한 경우에는 지방에서도 원서를 접수할 수 있다.

③ 우편접수는 접수마감일까지 도착분에 한하며, 반신용 봉투(등기요금 해당 우표 첨부, 주소기재 등) 1매를 동봉한 것에 한한다.

④ 수험표는 원서접수 시에 교부한다. 다만, 우편접수자에게는 우편으로 우송할 수 있고, 단체접수자는 접수종료 후 교부할 수 있다.

⑤ 원서접수 담당자는 원서기재 사항 및 응시자격 관련서류를 확인하고 접수받아야 한다.

제16조(수험번호 부여)

원서접수에 따른 수험번호 부여는 지역별로 지정된 수험번호 부여기준에 따라 부여하여야 한다.

제17조(수수료)

① 검정을 받고자 하는 자는 수수료를 납부하여야 한다.

② 검정을 받고자 하는 자가 이미 납부한 수수료는 과오납한 경우를 제외하고는 이를 반환하지 아니한다.

③ 수수료는 현금으로 수납함을 원칙으로 한다. 단, 우편환 증서, 자기앞 수표는 현금으로 간주한다.

④ 수수료는 원서접수 시에 수납함을 원칙으로 한다. 단, 마감일에 수납된 수수료는 마감일로부터 5일내에 예입한다.

⑤ 마감 후에 수납된 현금은 금고에 보관하고 은행에 예입할 때까지 필요한 조치를 취해야 한다.

⑥ 수수료에 대한 영수증은 별도 발급하지 않고 수험표로 이를 갈음한다. 단, 단체접수의 경우에는 수납총액이 기재된 단체접수 영수증을 발급한다.

⑦ 검정수수료는 협회 홈페이지에 별도 고시한다.

제18조(접수현황 및 수험자 파일보고)

① 주관팀은 원서접수 마감 종료 후 종목별 접수 현황, 검정 수수료 내역 등을 협회로 제출하여야 한다.

② 주관팀은 원서접수 마감일로부터 5일 이내에 수험 연명부, 필기시험 면제자 명단, 필기시험 과목면제자 명단, 실기시험 면제자 명단 등 수험자 파일을 협회로 제출하여야 한다.

제19조(검정시행자료 등의 준비)

① 협회는 시험실배치 계획표, 좌석 배치표, 수험자 명단 등의 시행 자료를 발행해야 한다.

제5장 검정시행 준비

제20조(수험사항 공고 및 통지)

주관팀은 시행 자격종목, 시험일시, 수험자 지참물 등에 대해 수험원서 접수 시 사전공고 및 수험표에 기재하여 통보하고, 사전공고가 불가능한 때에는 원서접수 시에 게시 안내하여야 한다.

제21조(시험장 준비)

① 시험장책임자는 주관팀으로 하며 책임관리위원은 협회 회원으로 한다.

② 시험장 책임자는 당해 종목시행에 적합한 시설, 장비 등을 사전에 점검하여 시험시행에 지장이 없도록 하여야 한다.

제22조(시험본부 설치운영)

주관팀은 검정시행업무를 총괄 지휘하기 위하여 자체 운영에 필요한 시험본부를 설치·운영하여야 한다.

제6장 출제 및 감수

제23조(출제·감수위원 위촉)

① 시험문제를 출제할 때에는 출제위원을 위촉한다.

③ 시험문제의 출제는 보안을 철저히 유지하도록 하여야 한다.

제24조(출제·감수위원 위촉기준)

① 출제위원 또는 감수위원의 위촉기준은 다음 각호의 1에 해당하는 자로 위촉한다.

  1. 관련 자격증 소지자로서 해당 종목에 7년 이상 산업체에 종사하는 자

  2. 관련 자격증 소지자로서 당해 직종을 7년 이상 자영하는 자

  3. 해당 분야의 직업훈련 자격이 있는 자로 교육훈련기관에 10년 이상 재직하는 자

  4. 대학교 또는 전문대학에서 해당 분야 부교수 이상으로 재직하는 자

제25조(시험문제 원고의 인수, 보관, 관리 등)

① 시험문제의 사전유출을 방지하기 위하여 협회 사무국장은 시험문제의 인수, 보관, 관리 등에 대한 지휘·감독의 책임을 지고 보안유지에 최선의 노력을 다하여야 한다.

② 담당팀장은 실무자급으로 시험문제 관리담당자를 지정할 수 있다.

③ 시험문제 관리담당자는 출제위원으로부터 시험문제 원고를 인수한 즉시 출제된 문제가 출제 의뢰한 사항과 일치하는지의 여부를 확인하고 동 시험문제를 봉인한다.

④ 시험문제는 제한구역에 보관하며, 열쇠는 담당팀장이 보관하고, 동 제한구역의 개폐는 담당팀장 또는 시험문제 관리담당자만이 할 수 있다.

제26조(시험문제의 감수)

① 시험문제의 감수는 협회가 지정한 장소에서 시험문제 관리담당자 또는 담당팀장이 지정한 직원의 입회하에 수행되어야 한다.

② 시험문제 감수는 종목별 또는 과목별로 시행하되, 시험문제 출제직후에 감수함을 원칙으로 하며, 필요에 따라 시험 직전에 재감수할 수 있다.

제7장 시험문제 인쇄 및 운송

제27조(시험문제 인쇄)

① 시험문제 인쇄는 협회 내의 관련업무 종사자 또는 담당팀장이 지정한 직원이 수행하여야 하며, 업무의 분량에 따라 인쇄업무 보조요원을 쓸 수 있다.

② 시험문제 인쇄는 협회가 지정한 보안시설을 갖춘 곳에서 소정절차에 따라 실시하여야 한다.

③ 시험문제 인쇄 시에는 출입문과 창문을 봉쇄한 후 관계자 외에는 출입을 통제하여야 한다.

제28조(시험문제지 운송 및 보관)

① 협회 검정시행 담당팀장은 문제지 운반 시 운반책임자를 지정하여야 한다.

② 협회에서 해당 시험장까지 문제지 운반 책임자로 지정된 자는 담당팀장으로부터 문

제지를 인수받아 해당 시험장 책임관리위원에게 직접 인계하여야 하며, 문제지 인계인수사항을 기록하여 담당팀장에게 제출하여야 한다.

③ 시행 주관팀에서는 문제지를 인수받은 즉시 시험문제가 들어있는 행낭의 봉인상태 이상 유무를 확인하고 협회에 즉시 유선으로 이상 유무를 보고하여야 한다.

④ 시행 주관팀은 협회로부터 시험 문제지를 인수 받은 시점부터 시험문제지 유출방지 및 훼손예방 등에 책임을 지고 시험문제에 대한 보안 및 안전관리에 최선을 다 하여야 한다.

⑤ 문제지 봉투는 시험시작시간 이전에는 여하한 이유로도 개봉할 수 없다.

제8장 검정시행

제29조(검정시행 총괄) 시험장책임자는 시험 시행 전에 관리위원회를 개최하여 시험본부를 운영하고, 책임관리위원은 시험위원을 지휘, 감독하며 시험위원회의, 평가회의 주관 등 시험집행 및 시험관리업무를 총괄하여야 한다.

제30조(시험위원 기술회의) 책임관리위원은 시험시행 전에 시험위원회의를 개최, 다음 사항을 주지시켜야 한다.

1. 필기시험에 있어서는 문제지와 답안지의 배부 및 회수방법, 답안지 작성방법, 부정행위자 처리요령 등 감독상 유의사항

2. 실기시험에 있어서는 종목별 시행방법에 따르는 수험자 교육사항 및 감독상 유의사항 등

제31조(수험자교육)

① 감독위원은 배치된 시험실에 입장하여 수험자 유의사항, 시험시간, 시험진행요령, 부정행위에 대한 처벌 및 답안지 작성요령 등을 주지시켜야 한다.

② 감독위원은 수험자에게 지정한 필기구, 시설·장비 또는 지급된 재료(공구)이외의 사용을 금지시켜야 한다.

제32조(수험자 확인) 감독위원은 필기시험에 있어서는 매 시험시간마다, 실기시험에 있어서는 수시로 원서부본과 주민등록증 또는 기타 신분증과 수험표를 대조하여 수험자의 본인여부를 확인하여야 한다.

제33조(시험감독 배치 및 문제지 배부)

① 필기시험 및 실기시험의 감독위원 배치는 별표 2와 같이 배치한다.

② 필기시험 문제지는 시험시작 5분전 예령과 동시에 배부하고, 시험개시 본령과 동시에 수험토록 하며, 답안지 작성이 끝난 수험자의 답안지와 문제지를 회수 확인한 후 퇴실시켜야 한다.

제34조(답안지) 필기시험 감독위원은 시험시간이 종료되면 답안지 회수용 봉투 표지에 수험현황을 기재하고, 감독위원의 성명을 기입, 날인 또는 서명한 다음 감독위원이 본부위원의 확인을 받은 후 수험자 인적사항이 노출되지 않도록 봉인하여 시험본부에 제출하여야 한다.

제35조(문제지 회수)

본부위원은 필기시험 종료즉시 감독위원으로부터 문제지와 답안지 및 사무용품 등을 확인 · 회수하여야 한다.

제36조(시험시행결과보고) 책임관리위원은 시험 종료 후 그 결과를 협회에 보고하여야 한다. 이 경우 시험진행 중 이상이 발생하였을 때에는 그 내용을 구체적으로 유선보고하고 차후 서면보고 하여야 한다.

제9장 시험위원의 위촉 및 임무

제37조(시험위원의 임무)

① 시험위원의 임무는 다음과 같다.

1. 독찰위원은 독찰을 위하여 특별히 부여된 업무수행과 시험위원의 근무상태 및 시험장의 상황 등을 확인한다.

2. 책임관리위원은 시험장 시설 · 장비의 전반적인 책임을 담당하는 자로서 시험장의 시설 · 장비 등의 관리와 안전관리 등 전반적인 관리업무를 담당한다.

3. 시험감독위원은 수험자 교육, 시설 · 장비 및 재료점검과 확인, 시험문제지, 답안지 및 작품의 배부 및 회수, 시험질서 유지, 부정행위의 예방과 적발 및 처리, 실기시험

의 채점업무를 담당한다.

4. 복도감독위원은 시험장 복도 질서유지, 시험실내의 수검자를 측면에서 감독하는 업무를 담당한다.

5. 보조위원은 시험준비 및 시험집행을 보조하는 업무를 담당한다.

6. 시설관리위원은 시험장 시설·장비의 준비, 동력, 통신, 시험장 점검을 담당한다.

② 시험위원으로 위촉된 자에 대하여는 소정의 서약서를 징구하여야 한다.

제38조(협회 위원의 임무 등)

① 협회 위원의 임무는 다음과 같다.

1. 협회로부터 검정시행 시험장까지 시험문제지 운반

2. 검정 진행상태 점검

3. 서약서 징구 및 수당지급

4. 책임관리위원의 시험위원 회의 지원

5. 시험문제지 및 답안지 회수 수량 확인

6. 회수한 답안지를 협회로 운반

제10장 필기시험 채점

제39조(답안지 인계)

① 본부위원은 필기시험 종료 후 회수한 답안지의 봉인상태 확인 후 협회로 인계하여야 한다.

② 답안지는 감독위원이 봉인한 상태로 인계하여야 한다.

제40조(정답 교부)

① 검정사업단 검정업무 담당자는 필기시험의 주관식 정답이 표시된 정답표를 작성하여 이를 봉인 후 보안시설이 갖추어진 장소에 보관하여야 한다.

② 정답표는 채점 개시일에 채점위원이 보는 앞에서 개봉한 후 채점위원에게 인계한다.

제41조(채점 과정)

① 필기시험의 객관식 채점은 전산 채점을 실시하며, 주관식 채점은 답안지의 수험자 인적사항이 봉인된 상태에서 진행하여야 한다.

② 주관식 채점이 종료된 답안지에 한해 득점을 전산입력하며, 봉인은 이때 해제하여야 한 다.

③ 답안지 채점은 종목별 또는 지역별로 분류 채점하여야 한다.

제42조(답안지 관리) 필기시험의 답안지(검정 관련 서류 포함)는 최종합격자 발표일로부터 6개월간 보관한다.

제11장 합격자 공고 및 자격증 교부

제43조(합격자 공고)

① 대표(협회장)은 검정종료 후 14일 이내에 합격자를 공고하여야 한다.

② 합격자를 공고할 때에는 협회 홈페이지에 이를 게시하여야 한다.

제44조(자격증 교부)

① 최종합격자중 신청자에 한하여 자격증을 교부한다.

제12장 부정행위자 처리

제45조(부정행위자의 기준 등)

① 시험에 응시한 자가 그 검정에 관하여 부정행위를 한 때에는 당해 검정을 중지 또는 무효로 하고 3년간 검정을 받을 수 있는 자격이 정지되며, 부정행위를 한 자라 함은 다음 각호의 1에 해당하는 자를 말한다.

1. 시험 중 시험과 관련된 대화를 하는 자

2. 답안지(실기작품을 포함한다. 이하 같다)를 교환하는 자

3. 시험 중에 다른 수험자의 답안지 또는 문제지를 엿보고 자신의 답안지를 작성한 자

4. 다른 수험자 위하여 답안(실기작품의 제작방법을 포함한다) 등을 알려주거나 엿보게 하는 자

5. 시험 중 시험문제 내용과 관련된 물건을 휴대하여 사용하거나 이를 주고받는 자

6. 시험장 내외의 자로부터 도움을 받아 답안지를 작성한 자

7. 사전에 시험문제를 알고 시험을 치른 자

8. 다른 수험자와 성명 또는 수험번호를 바꾸어 제출한 자

9. 대리시험을 치른 자 및 치르게 한 자

10. 기타 부정 또는 불공정한 방법으로 시험을 치른 자

② 시험감독위원은 부정행위자를 적발한 때에는 즉시 수검행위를 중지시키고, 그 부정행위자로부터 그 사실을 확인하고 서명 또는 날인된 확인서를 받아야 하며, 그가 확인·날인 등을 거부할 경우에는 감독위원이 확인서를 작성하여 이에 날인 등의 거부사실을 부기하고 입증자료를 첨부하여 서명날인한 후 책임관리위원에게 제출하여야 한다.

제46조(부정행위자 처리)

① 책임관리위원은 시험감독위원으로부터 부정행위자 적발 보고를 받았을 때에는 시험 종료 즉시 관계 증빙 등을 검토하여 부정행위자로 처리하고 수검자에게 응시제재 내용 등을 통보하는 한편 그 결과를 검정 종료후 협회에 보고하여야 한다.

② 책임관리위원은 부정행위 사실 인증을 판단하기가 극히 곤란한 사항은 관계 증빙서류를 첨부하여 협회사무국에게 보고하여 그 결정에 따라 처리한다.

제47조(사후적발 처리)

① 수험자간에 성명, 수험번호 등을 바꾸어 답안을 표시 제출 한 때에는 양당사자를 모두 부정행위자로 처리한다.

② 타인의 시험을 방해할 목적으로 수험번호 또는 성명 표시란에 타인의 수험번호 또는 성명을 기입하였음이 입증되었을 때에는 행위자만을 부정행위자로 처리한다.

③ 책임관리위원은 부정행위 사실이 사후에 적발되었을 경우에는 적발된 자료를 증거로 하여 부정행위자로 처리하고, 해당 수험자에게 응시자격 제재내용을 통보하여야 한다.

제48조(시험장 질서유지 등) 감독위원은 시험장 질서유지를 위하여 다음 각호의 1에 해당하는 행위를 하는 수험자에 대하여는 시험을 중지시키고 퇴장시킬 수 있다.

1. 시험실을 소란하게 하거나, 타인의 수험행위를 방해하는 행위
2. 시험실(장)내의 각종 시설, 장비 등을 파괴, 손괴, 오손하는 행위
3. 검정시설 · 장비 또는 공구사용법 미숙으로 기물손괴 또는 사고우려가 예상되는 자
4. 기타 시험실의 질서유지를 위하여 퇴장시킬 필요가 있거나 또는 응시행위를 중지시킬 필요가 있다고 인중하는 행위

제13장 보 칙

제49조(업무편람 작성, 비치) 검정업무 수행에 따른 세부적인 업무처리기준, 처리과정, 구비서류, 서식 등을 구분 명시한 자격증 업무편람을 작성 · 비치하여 활용한다.

부 칙

제1조(시행일) 이 규정은 제정한 날로부터 시행한다.

제2조(경과조치) 이 규정의 시행이전에 시행된 사항에 관하여는 이 규정에 의하여 시행된 것으로 본다.

[별표 1] 과목별 시험문항 수 및 시험시간표(제8조 관련)

- 필기 및 면접 시험형태 및 과목

등급	시험과목	시험형태 및 문항 수			시험시간
		객관식 (4지선다형)	주관식(단답형)	합계	
1급	고객응대	10문항	0문항	10문항	(60분)
	상품추천	10문항	0문항	10문항	
	상담자료작성	10문항	0문항	10문항	
	상품설명	10문항	0문항	10문항	
	상담고객관리	10문항	0문항	10문항	
	여행요금상담	10문항	0문항	10문항	
	예약수배업무	10문항	0문항	10문항	
	여행상품계약	10문항	0문항	10문항	
	여행고객관리	10문항	0문항	10문항	
2급	고객응대	10문항	0문항	10문항	(60분)
	상품추천	10문항	0문항	10문항	
	상담자료작성	10문항	0문항	10문항	
	상품설명	10문항	0문항	10문항	
	상담고객관리	10문항	0문항	10문항	
	여행요금상담	10문항	0문항	10문항	
	예약수배업무	10문항	0문항	10문항	
	여행상품계약	10문항	0문항	10문항	
	여행고객관리	10문항	0문항	10문항	

[별표 2] 감독위원 배치기준(제37조 관련)

구분	시험위원	위촉인원	비고
필기시험	정감독	1명 이상	시험실당
	부감독	1명 이상	시험실당
	관리위원	2명 이상	시험장당
	본부위원	1명 이상	시험장당

[별지 제1호 서식]

여행상품상담사 자격증 교육기관 지정 신청서

①기 관 명			
②대표자명		③사업자 생년월일 또는 법인 등록번호	
④설립년월일		⑤기관연락처	
⑥기관소재지	(우)		

「여행상품상담사 자격증제도 시행규정」 제43조 규정에 의하여 여행상품상담사 자격증 교육기관으로 지정을 받고자 신청합니다.

년   월   일

신 청 인(인)

(사)한국여행서비스교육협회장 귀하

〈구비서류〉

1. 본 규정에 의해 신청 가능한 기관임을 증명할 수 있는 서류

(사업자 등록증 사본 등)

참고문헌

국가직무능력표준(NCS) 여행상품상담, 한국산업인력공단(2016)

국가직무능력표준(NCS) 여행상품상담 학습모듈, 한국직업능력개발원(2016)

이병열 · 천덕희 · 윤세환 · 이은민, 세계관광과 문화, 한올출판사(2018)

(사)한국여행서비스교육협회, 여행상품상담실무, 한올출판사(2019)

집필위원

- 곽영대(서영대학교 국제관광과 교수)
- 김경희(H&S 커뮤니케이션즈 대표이사/안산대학교 관광영어과 겸임교수)
- 김재곤(원광보건대학교 호텔관광과 교수)
- 남중헌(창신대학교 호텔관광학과 교수)
- 민일식(중부대학교 관광경영학과 교수)
- 민정아(용인대학교 학점은행제 관광경영전공 교수)
- 박복덕(사단법인 한국여행서비스교육협회 회장)
- 서정원(대림대학교 호텔관광과 교수)
- 서 헌(인하공업전문대학 관광경영과 교수)
- 여영천(호산대학교 관광항공호텔과 교수)
- 오석규(더페이스메이커 대표이사/건국대학교 아시아콘텐츠연구소 선임연구원)
- 용환재(진주보건대학교 관광과 교수)
- 이병열(인덕대학교 관광서비스경영학과 교수)
- 이은민(사단법인 한국여행서비스교육협회 사무국장)
- 전영호(군장대학교 호텔관광과 교수)
- 정대봉(경복대학교 국제관광과 교수)
- 정재우(영진전문대학 국제관광조리계열 교수)
- 지명원(중부대학교 관광경영학과 교수)
- 천덕희(UTC Tour 대표이사/순천향대학교 관광경영학과 겸임교수)
- 최동열(서영대학교 항공서비스과 교수)

(가나다 순)

여행상품상담사 자격증 예상문제집

초판 1쇄 발행   2017년 1월 10일
2판 2쇄 발행   2023년 8월 30일

저 자   (사)한국여행서비스교육협회
펴낸이   임 순 재
펴낸곳   (주)한올출판사
등 록   제11-403호
주 소   서울시 마포구 모래내로 83(한올빌딩 3층)
전 화   (02) 376-4298(대표)
팩 스   (02) 302-8073
홈페이지   www.hanol.co.kr
e-메 일   hanol@hanol.co.kr
ISBN   979-11-5685-881-2